영어가 바로 터지는

기적의 말하기 기초영어법

이시원 지음

S 시원스쿨닷컴

**영어가 바로 터지는
기적의 말하기 기초영어법**

초판 1쇄 발행 2025년 11월 28일

지은이 이시원
펴낸곳 (주)에스제이더블유인터내셔널
펴낸이 양홍걸 이시원

홈페이지 www.siwonschool.com
주소 서울시 영등포구 영신로 166 시원스쿨
교재 구입 문의 02)2014-8151
고객센터 02)6409-0878

ISBN 979-11-7550-039-6 13740
Number 1-010505-30309900-02

이 책은 저작권법에 따라 보호받는 저작물이므로 무단복제와 무단전재를 금합니다. 이 책 내용의 전부 또는 일부를 이용하려면 반드시 저작권자와 ㈜에스제이더블유인터내셔널의 서면 동의를 받아야 합니다.

수년간
영어를 공부하고도
여전히 영어를 못한다고 느낀다면

**지금 넘기는 이 첫 페이지가
당신의 가장 훌륭한 선택 중
하나가 될 것입니다.**

머리말

대한민국에서는
외눈으로도 올림픽에 참여하는 사람이 있습니다.
팔 하나로도 격투기 무대에 도전하여 우승을 하는 사람이 있습니다.
작은 쌀가게에서 일하기 시작하여 세계적인 기업을 이뤄낸 사람도 있습니다.
그리고, 외국에 나가 배우지 않고도 영어를 잘하는 사람 또한 수도 없이 많습니다.
그런데 왜 본인은 안 된다고 생각하십니까?

분명히 할 수 있습니다.
분명히 가능합니다.
시원스쿨에서 시작한다면 분명 가능합니다.
영어 공부, 늦었다고 생각하시나요? 강의를 하다 보면,
20대분들은 "10대 때부터 시작했어도…"라고 후회합니다.
30대분들은 20대분들을 쳐다보며
"나도 저 나이에 시작했어야 하는데…"라고 아쉬워합니다.
40대분들은 30대분들을 너무 부러워합니다.
50대분들은 또 40대분들을 보며 10년 전에 공부를 시작했다면
지금보다 머리가 훨씬 잘 돌아가고 더 나을 수 있었을 거라고 말씀하십니다.

그런데 여러분, 그거 아십니까?
오늘이 바로 10년 후
그렇게도 후회하게 될 그날이라는 것을.
미루지 않고 지금 시작하는 것이 중요합니다.
오늘이 가장 이른 날입니다.
오늘이 남은 인생에서 가장 젊은 날입니다.
내일은 하루만큼 더 나이를 먹고
0.0001%만큼은 뇌세포가 줄어들 것입니다.

PREFACE

우리말은 '나는 커피를 마셔. = 마셔 커피를 나는."과 같이
어순을 바꿔 말해도 뜻이 통합니다. 하지만 영어는 다릅니다.

**영어는 우리말과 같은 '조사(은/는/이/가)'가 없기 때문에
단어와 단어를 연결해서 나열하는 순서,
즉 '어순'을 반드시 지켜야 합니다.**

시원스쿨 기초영어법은 바로 이 점에 착안하여
단어와 단어를 연결하는 원리를 설명한 '단어연결법'을 고안한 뒤
이를 바탕으로 '1초 만에 영어로 말하기' 학습법을 제시하고 있습니다.

**시원스쿨 누적 수강생 수 100만 명 돌파,
<기초영어법> 누적 판매 부수 50만 부 이상 돌파,**
시원스쿨 단어연결법은 이미 많은 학습자들의 사랑을 받아왔습니다.
이 책을 선택하신 모든 분들께 확실히 말씀드립니다.
이 책은 현재가 아닌 미래를 보여주는 책이 될 것입니다.
지금 당장은 영어를 잘하지 못하지만,
여러분은 두려움 대신 도전과 노력을 하게 될 것입니다.

**이 책은 분명히 잘하게 될
여러분의 미래를 보여주는 책이 될 것입니다.**

시원스쿨 대표 강사
이시원

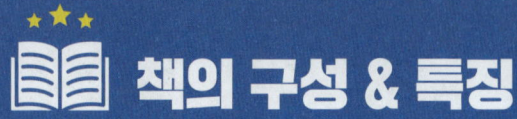

책의 구성 & 특징

1. 단어와 단어를 연결하는 '어순'이 생명인 영어! 영어 문장을 만드는 '단어연결법' 익히기

'나는 커피를 마셔 = 마셔 커피를 나는'과 같이 우리말은 '조사(은/는/이/가/을/를)'가 있어서 어순을 바꿔도 뜻이 통하지만, 영어는 조사가 없기 때문에 '어순'을 반드시 지켜서 말해야 합니다. 따라서 시원스쿨에서는 이러한 영어의 어순을 쉽게 이해할 수 있도록 '단어연결법'을 통해 영어 문장을 만들고 말하는 연습을 합니다.

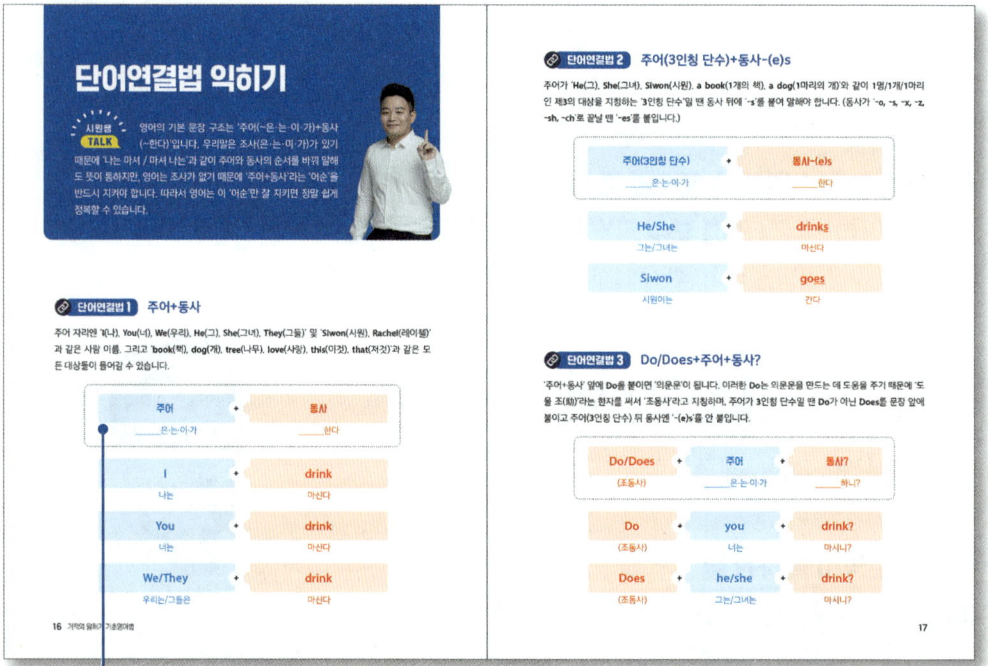

주어 + **동사**
___은·는·이·가 ___한다

FEATURES

2 영어의 어순을 파악한 후 단어연결법을 적용하여 문장 만들기

단어연결법을 익히며 영어의 어순을 파악한 다음, 학습한 단어연결법을 적용하여 영어 문장을 만들어 봅니다. '[Step 1] 단어연결법 적용하기' 훈련은 아래와 같이 진행합니다.

영어 문장 만들기에 필요한 **기본적인 영어 단어들**부터 익힙니다. QR코드를 찍어서 영어 단어들을 듣고 따라 말하며 머릿속에 새깁니다. (총 3회 반복)

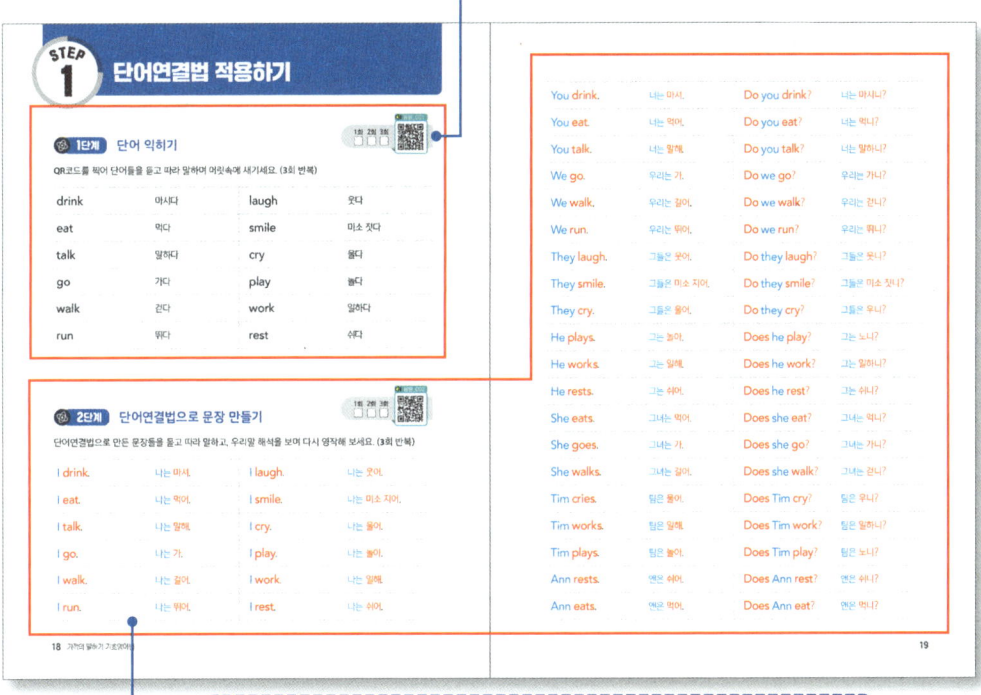

영어 단어들이 머릿속에 탑재됐다면, **단어연결법을 적용하여 영어 문장을 만들어 봅니다.** QR코드를 찍어 영어 문장들을 듣고 따라 말하면서 발음과 억양까지 내 것으로 만듭니다. (총 3회 반복)

7

3 1초 만에 우리말로 해석하기, 1초 만에 영어로 말하기 훈련

Step 1에서 단어연결법으로 영어 문장을 만드는 연습을 끝낸 뒤, 이제 '[Step 2] 1초 만에 우리말로 해석하기 / [Step 3] 1초 만에 영어로 말하기' 훈련을 진행합니다.

Step 2에서는 QR코드를 찍어 **영어 문장들을 듣고 1초 만에 우리말로 해석해서 '소리 내어' 말합니다.** 끊임없이 물 흐르듯 해야 효과가 좋습니다.

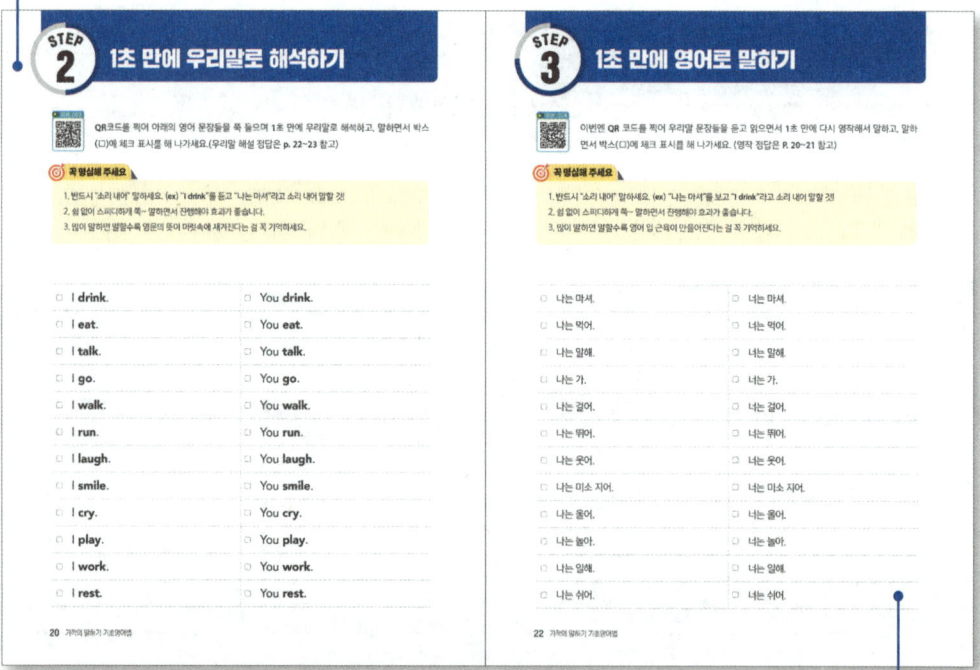

Step 3에서는 QR코드를 찍어 **우리말 문장들을 듣고 1초 만에 영어로 바꿔서 '소리 내어' 말합니다.** 끊임없이 물 흐르듯 해야 효과가 좋습니다.

FEATURES

4 기본 문장에 살을 붙여 확장해서 길~게 말하기 훈련

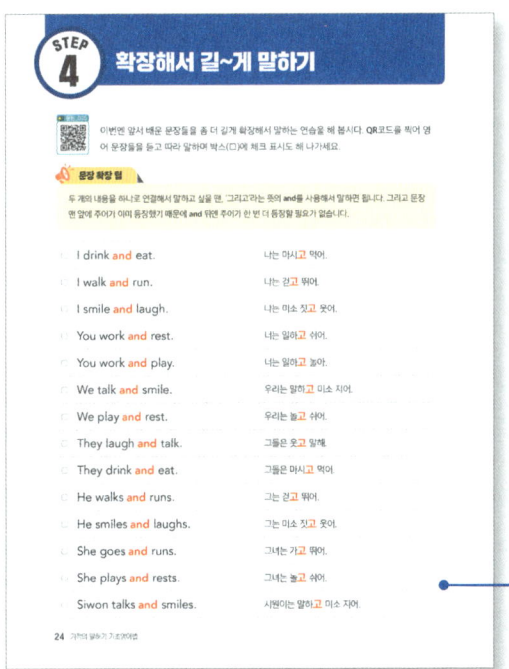

'[Step 4] 확장해서 길~게 말하기'에서는 전치사나 접속사로 단어와 단어, 문장과 문장을 연결해서 길게 말하거나 기본 문장에 다양한 표현들을 덧붙여 좀 더 풍성하게 말하는 훈련을 합니다. 이렇게 Step 4까지 진행하고 나면 1강의 학습이 완료됩니다.

5 일일 학습 체크 일지 및 '단어연결법 총정리' 부록 제공

본 교재는 주말을 빼고 하루에 1강씩 4주(1달) 동안 20강 학습을 완료하는 커리큘럼으로 구성되어 있습니다. 따라서 매일의 학습을 완료하고 체크할 수 있는 '일일 학습 체크 일지'를 제공하며, 20강 학습을 모두 끝낸 후엔 그동안 배웠던 단어연결법 내용들을 한눈에 훑어보며 곱씹을 수 있도록 '단어연결법 총정리' 부록을 마지막에 제공합니다.

9

목차

| **Study Journal** | 일일 학습 체크 일지 | 012 |

01강 **I drink.** 나는 마셔. **016**
'주어+동사'라는 기본 문장 구조로 말하기

02강 **I don't drink.** 나는 안 마셔. **028**
'주어+don't/doesn't+동사'라는 부정문으로 말하기

03강 **I drink coffee.** 나는 커피를 마셔. **040**
'주어+동사+목적어'라는 문장으로 말하기

04강 **I will drink coffee.** 나는 커피를 마실 거야. **052**
'주어+will+동사+목적어'라는 문장으로 말하기

05강 **I can drink coffee.** 나는 커피를 마실 수 있어. **064**
'주어+can+동사+목적어'라는 문장으로 말하기

06강 **I must drink coffee.** 나는 커피를 마셔야 돼. **076**
'주어+must/should/have to+동사+목적어'라는 문장으로 말하기

07강 **I might drink coffee.** 나는 커피를 마실지도 몰라. **088**
'주어+might+동사+목적어'라는 문장으로 말하기

08강 **I drank coffee.** 나는 커피를 마셨어. **100**
'주어+과거 동사+목적어'라는 문장으로 말하기

09강 **I am Siwon.** 나는 시원이야. **112**
'주어+am/are/is+명사'라는 문장으로 말하기

10강 **I am fine.** 나는 괜찮아. **124**
'주어+am/are/is+형용사'라는 문장으로 말하기

CONTENTS

11강 **I am in Korea.** 나는 한국에 있어. **136**
'주어+am/are/is+전치사+장소'라는 문장으로 말하기

12강 **I was in Korea.** 나는 한국에 있었어. **148**
'주어+was/were+명사·형용사·장소'라는 문장으로 말하기

13강 **I will be fine.** 나는 괜찮을 거야. **160**
'주어+will/must/should be+명사·형용사·장소'라는 문장으로 말하기

14강 **Are you busy?** 너는 바쁘니? **172**
'be동사+주어+명사·형용사·장소?'라는 문장으로 말하기

15강 **I am drinking coffee.** 나는 커피를 마시는 중이야. **184**
'주어+am/are/is+동사-ing+목적어'라는 문장으로 말하기

16강 **I was drinking coffee.** 나는 커피를 마시고 있었어. **196**
'주어+was/were+동사-ing+목적어'라는 문장으로 말하기

17강 **I like drinking coffee.** 나는 커피 마시길 좋아해. **210**
'주어+like+동사-ing+목적어'라는 문장으로 말하기

18강 **I want to drink coffee.** 나는 커피 마시길 원해. **220**
'주어+want+to-동사+목적어'라는 문장으로 말하기

19강 **When do you drink coffee?** 너는 언제 커피를 마시니? **232**
'when, where, how'로 의문사 의문문 만들고 말하기

20강 **What are you drinking?** 너는 뭘 마시고 있니? **244**
'what, who, why'로 의문사 의문문 만들고 말하기

Review 01~20강 단어연결법 총정리 **256**

일일 학습 체크 일지

STUDY JOURNAL

<기적의 말하기 기초영어법>은 주말을 빼고 하루에 1강씩 학습하도록 구성되었습니다. 따라서 **1주일에 5강씩 4주(1달)간 20강 학습을 완료하는 커리큘럼**입니다. 매일 1강 학습을 끝낸 뒤엔 아래의 '일일 학습 체크 일지'에 **학습 날짜를 적고 오늘의 공부를 끝냈다는 의미로 '서명(사인)'**을 해 보세요. 이렇게 하면 스스로의 공부 습관을 다잡을 수 있을 뿐만 아니라 뭔가를 해냈다는 성취감도 느낄 수 있습니다.

01강	02강	03강	04강	05강
/	/	/	/	/
06강	07강	08강	09강	10강
/	/	/	/	/
11강	12강	13강	14강	15강
/	/	/	/	/
16강	17강	18강	19강	20강
/	/	/	/	/

**You made it!
Congratulations!**

기적의 말하기 기초영어법

01강

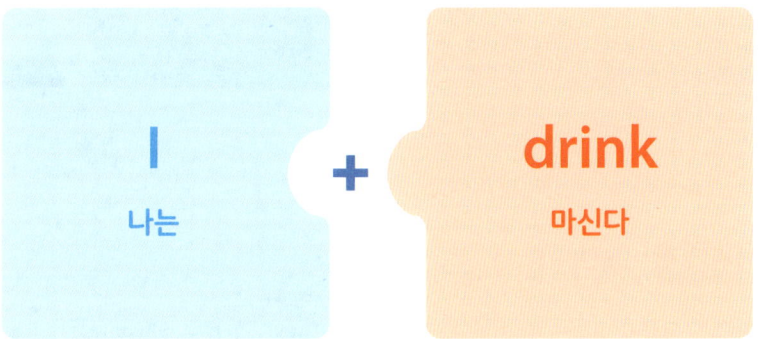

I drink.
나는 마셔.

단어연결법 익히기

시원쌤 TALK 영어의 기본 문장 구조는 '주어(~은·는·이·가)+동사(~한다)'입니다. 우리말은 조사(은·는·이·가)가 있기 때문에 '나는 마셔 / 마셔 나는'과 같이 주어와 동사의 순서를 바꿔 말해도 뜻이 통하지만, 영어는 조사가 없기 때문에 '주어+동사'라는 '어순'을 반드시 지켜야 합니다. 따라서 영어는 이 '어순'만 잘 지키면 정말 쉽게 정복할 수 있습니다.

🔗 단어연결법 1 주어+동사

주어 자리엔 'I(나), You(너), We(우리), He(그), She(그녀), They(그들)' 및 'Siwon(시원), Rachel(레이첼)'과 같은 사람 이름, 그리고 'book(책), dog(개), tree(나무), love(사랑), this(이것), that(저것)'과 같은 모든 대상들이 들어갈 수 있습니다.

단어연결법 2 주어(3인칭 단수)+동사-(e)s

주어가 'He(그), She(그녀), Siwon(시원), a book(1개의 책), a dog(1마리의 개)'와 같이 1명/1개/1마리인 제3의 대상을 지칭하는 '3인칭 단수'일 땐 동사 뒤에 '-s'를 붙여 말해야 합니다. (동사가 '-o, -s, -x, -z, -sh, -ch'로 끝날 땐 '-es'를 붙입니다.)

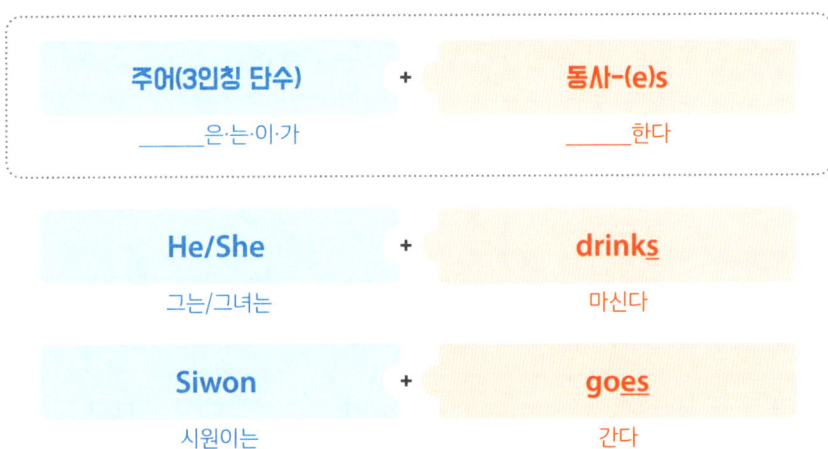

단어연결법 3 Do/Does+주어+동사?

'주어+동사' 앞에 Do를 붙이면 '의문문'이 됩니다. 이러한 Do는 의문문을 만드는 데 도움을 주기 때문에 '도울 조(助)'라는 한자를 써서 '조동사'라고 지칭하며, 주어가 3인칭 단수일 땐 Do가 아닌 Does를 문장 앞에 붙이고 주어(3인칭 단수) 뒤 동사엔 '-(e)s'를 안 붙입니다.

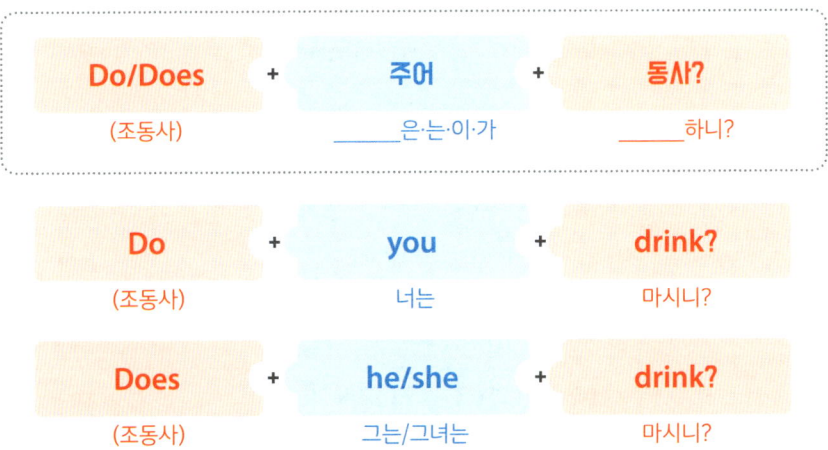

STEP 1 단어연결법 적용하기

1단계 단어 익히기

QR코드를 찍어 단어들을 듣고 따라 말하며 머릿속에 새기세요. (**3회** 반복)

drink	마시다	laugh	웃다
eat	먹다	smile	미소 짓다
talk	말하다	cry	울다
go	가다	play	놀다
walk	걷다	work	일하다
run	뛰다	rest	쉬다

2단계 단어연결법으로 문장 만들기

단어연결법으로 만든 문장들을 듣고 따라 말하고, 우리말 해석을 보며 다시 영작해 보세요. (**3회** 반복)

I drink.	나는 마셔.	I laugh.	나는 웃어.
I eat.	나는 먹어.	I smile.	나는 미소 지어.
I talk.	나는 말해.	I cry.	나는 울어.
I go.	나는 가.	I play.	나는 놀아.
I walk.	나는 걸어.	I work.	나는 일해.
I run.	나는 뛰어.	I rest.	나는 쉬어.

You drink.	너는 마셔.	Do you drink?	너는 마시니?
You eat.	너는 먹어.	Do you eat?	너는 먹니?
You talk.	너는 말해.	Do you talk?	너는 말하니?
We go.	우리는 가.	Do we go?	우리는 가니?
We walk.	우리는 걸어.	Do we walk?	우리는 걷니?
We run.	우리는 뛰어.	Do we run?	우리는 뛰니?
They laugh.	그들은 웃어.	Do they laugh?	그들은 웃니?
They smile.	그들은 미소 지어.	Do they smile?	그들은 미소 짓니?
They cry.	그들은 울어.	Do they cry?	그들은 우니?
He plays.	그는 놀아.	Does he play?	그는 노니?
He works.	그는 일해.	Does he work?	그는 일하니?
He rests.	그는 쉬어.	Does he rest?	그는 쉬니?
She eats.	그녀는 먹어.	Does she eat?	그녀는 먹니?
She goes.	그녀는 가.	Does she go?	그녀는 가니?
She walks.	그녀는 걸어.	Does she walk?	그녀는 걷니?
Tim cries.	팀은 울어.	Does Tim cry?	팀은 우니?
Tim works.	팀은 일해.	Does Tim work?	팀은 일하니?
Tim plays.	팀은 놀아.	Does Tim play?	팀은 노니?
Ann rests.	앤은 쉬어.	Does Ann rest?	앤은 쉬니?
Ann eats.	앤은 먹어.	Does Ann eat?	앤은 먹니?

STEP 2 · 1초 만에 우리말로 해석하기

 QR코드를 찍어 아래의 영어 문장들을 쭉 들으며 1초 만에 우리말로 해석하고, 말하면서 박스(□)에 체크 표시를 해 나가세요.(우리말 해설 정답은 p. 22~23 참고)

🎯 꼭 명심해 주세요

1. 반드시 "소리 내어" 말하세요. **(ex)** "I drink"를 듣고 "나는 마셔"라고 소리 내어 말할 것!
2. 쉼 없이 스피디하게 쭉~ 말하면서 진행해야 효과가 좋습니다.
3. 많이 말하면 말할수록 영문의 뜻이 머릿속에 새겨진다는 걸 꼭 기억하세요.

☐ I **drink**.	☐ You **drink**.
☐ I **eat**.	☐ You **eat**.
☐ I **talk**.	☐ You **talk**.
☐ I **go**.	☐ You **go**.
☐ I **walk**.	☐ You **walk**.
☐ I **run**.	☐ You **run**.
☐ I **laugh**.	☐ You **laugh**.
☐ I **smile**.	☐ You **smile**.
☐ I **cry**.	☐ You **cry**.
☐ I **play**.	☐ You **play**.
☐ I **work**.	☐ You **work**.
☐ I **rest**.	☐ You **rest**.

- ☐ We **go**.
- ☐ We **walk**.
- ☐ We **run**.
- ☐ They **laugh**.
- ☐ They **smile**.
- ☐ They **cry**.
- ☐ He **drinks**.
- ☐ He **plays**.
- ☐ He **works**.
- ☐ He **rests**.
- ☐ She **smiles**.
- ☐ She **eats**.
- ☐ She **goes**.
- ☐ She **walks**.
- ☐ Tim **cries**.
- ☐ Tim **works**.
- ☐ Tim **plays**.
- ☐ Ann **rests**.
- ☐ Ann **eats**.
- ☐ Ann **laughs**.

- ☐ **Do** you **drink?**
- ☐ **Do** you **eat?**
- ☐ **Do** you **talk?**
- ☐ **Do** we **go?**
- ☐ **Do** we **walk?**
- ☐ **Do** we **run?**
- ☐ **Do** they **laugh?**
- ☐ **Do** they **smile?**
- ☐ **Do** they **cry?**
- ☐ **Does** he **play?**
- ☐ **Does** he **work?**
- ☐ **Does** he **rest?**
- ☐ **Does** she **eat?**
- ☐ **Does** she **go?**
- ☐ **Does** she **walk?**
- ☐ **Does** Tim **cry?**
- ☐ **Does** Tim **work?**
- ☐ **Does** Tim **play?**
- ☐ **Does** Ann **rest?**
- ☐ **Does** Ann **eat?**

STEP 3 1초 만에 영어로 말하기

이번엔 QR 코드를 찍어 우리말 문장들을 듣고 읽으면서 1초 만에 다시 영작해서 말하고, 말하면서 박스(□)에 체크 표시를 해 나가세요. (영작 정답은 P. 20~21 참고)

🎯 꼭 명심해 주세요

1. 반드시 "소리 내어" 말하세요. **(ex)** "나는 마셔"를 보고 "**I drink**"라고 소리 내어 말할 것!
2. 쉼 없이 스피디하게 쭉~ 말하면서 진행해야 효과가 좋습니다.
3. 많이 말하면 말할수록 영어 입 근육이 만들어진다는 걸 꼭 기억하세요.

□ 나는 마셔.	□ 너는 마셔.
□ 나는 먹어.	□ 너는 먹어.
□ 나는 말해.	□ 너는 말해.
□ 나는 가.	□ 너는 가.
□ 나는 걸어.	□ 너는 걸어.
□ 나는 뛰어.	□ 너는 뛰어.
□ 나는 웃어.	□ 너는 웃어.
□ 나는 미소 지어.	□ 너는 미소 지어.
□ 나는 울어.	□ 너는 울어.
□ 나는 놀아.	□ 너는 놀아.
□ 나는 일해.	□ 너는 일해.
□ 나는 쉬어.	□ 너는 쉬어.

☐	우리는 가.	☐	너는 마시니?
☐	우리는 걸어.	☐	너는 먹니?
☐	우리는 뛰어.	☐	너는 말하니?
☐	그들은 웃어.	☐	우리는 가니?
☐	그들은 미소 지어.	☐	우리는 걷니?
☐	그들은 울어.	☐	우리는 뛰니?
☐	그는 마셔.	☐	그들은 웃니?
☐	그는 놀아.	☐	그들은 미소 짓니?
☐	그는 일해.	☐	그들은 우니?
☐	그는 쉬어.	☐	그는 노니?
☐	그녀는 미소 지어.	☐	그는 일하니?
☐	그녀는 먹어.	☐	그는 쉬니?
☐	그녀는 가.	☐	그녀는 먹니?
☐	그녀는 걸어.	☐	그녀는 가니?
☐	팀은 울어.	☐	그녀는 걷니?
☐	팀은 일해.	☐	팀은 우니?
☐	팀은 놀아.	☐	팀은 일하니?
☐	앤은 쉬어.	☐	팀은 노니?
☐	앤은 먹어.	☐	앤은 쉬니?
☐	앤은 웃어.	☐	앤은 먹니?

확장해서 길~게 말하기

이번엔 앞서 배운 문장들을 좀 더 길게 확장해서 말하는 연습을 해 봅시다. **QR**코드를 찍어 영어 문장들을 듣고 따라 말하며 박스(□)에 체크 표시도 해 나가세요.

> **문장 확장 팁**
>
> 두 개의 내용을 하나로 연결해서 말하고 싶을 땐, '그리고'라는 뜻의 **and**를 사용해서 말하면 됩니다. 그리고 문장 맨 앞에 주어가 이미 등장했기 때문에 **and** 뒤엔 주어가 한 번 더 등장할 필요가 없습니다.

☐	I drink **and** eat.	나는 마시**고** 먹어.
☐	I walk **and** run.	나는 걷**고** 뛰어.
☐	I smile **and** laugh.	나는 미소 짓**고** 웃어.
☐	You work **and** rest.	너는 일하**고** 쉬어.
☐	You work **and** play.	너는 일하**고** 놀아.
☐	We talk **and** smile.	우리는 말하**고** 미소 지어.
☐	We play **and** rest.	우리는 놀**고** 쉬어.
☐	They laugh **and** talk.	그들은 웃**고** 말해.
☐	They drink **and** eat.	그들은 마시**고** 먹어.
☐	He walks **and** runs.	그는 걷**고** 뛰어.
☐	He smiles **and** laughs.	그는 미소 짓**고** 웃어.
☐	She goes **and** runs.	그녀는 가**고** 뛰어.
☐	She plays **and** rests.	그녀는 놀**고** 쉬어.
☐	Siwon talks **and** smiles.	시원이는 말하**고** 미소 지어.

⚡ 1초 만에 빠르게 — 우리말로 해석하기

앞서 말해 봤던 긴 영어 문장들을 1초 만에 빠르게 우리말로 해석해서 말해 보세요.

- ☐ I drink **and** eat.
- ☐ I walk **and** run.
- ☐ I smile **and** laugh.
- ☐ You work **and** rest.
- ☐ You work **and** play.
- ☐ We talk **and** smile.
- ☐ We play **and** rest.

- ☐ They laugh **and** talk.
- ☐ They drink **and** eat.
- ☐ He walks **and** runs.
- ☐ He smiles **and** laughs.
- ☐ She goes **and** runs.
- ☐ She plays **and** rests.
- ☐ Siwon talks **and** smiles.

⚡ 1초 만에 빠르게 — 영어로 말하기

이번엔 반대로 아래의 우리말 문장들을 1초 만에 빠르게 영어로 바꿔서 말해 보세요.

- ☐ 나는 마시**고** 먹어.
- ☐ 나는 걷**고** 뛰어.
- ☐ 나는 미소 짓**고** 웃어.
- ☐ 너는 일하**고** 쉬어.
- ☐ 너는 일하**고** 놀아.
- ☐ 우리는 말하**고** 미소 지어.
- ☐ 우리는 놀**고** 쉬어.

- ☐ 그들은 웃**고** 말해.
- ☐ 그들은 마시**고** 먹어.
- ☐ 그는 걷**고** 뛰어.
- ☐ 그는 미소 짓**고** 웃어.
- ☐ 그녀는 가**고** 뛰어.
- ☐ 그녀는 놀**고** 쉬어.
- ☐ 시원이는 말하**고** 미소 지어.

"Great job
on finishing Lesson 1!
Congratulations!"

기적의 말하기 기초영어법

02강

I + don't drink
나는   마시지 않는다

I don't drink.
나는 안 마셔.

단어연결법 익히기

시원쌤 TALK 1강에서는 '주어+동사(~은·는·이·가 ~한다)'라는 기본적인 문장 구조를 배웠고, 이러한 '주어+동사'라는 문장 형태를 '긍정문'이라고 합니다. 이번 시간엔 긍정문의 반대인 '부정문(~은·는·이·가 ~하지 않는다)'을 만드는 방법에 대해 배워 보겠습니다. 부정문을 만드는 방법은 매우 간단합니다. 동사 앞에 'don't/doesn't'만 붙이면 되니까요.

🔗 단어연결법 1   주어+동사

앞서 **1강**에서 배웠듯이 영어의 가장 기본적인 문장 구조는 '주어+동사'이며, 주어가 **3**인칭 단수일 땐 동사 뒤에 '-(e)s'를 붙여 말해야 한다고 배웠습니다. 부정문에 들어가기에 앞서 '주어+동사'라는 형태로 말하는 연습을 다시 한 번 해 봅시다.

🔗 단어연결법 2 주어+don't+동사

주어가 'I(나), You(너), We(우리), They(그들)'이거나 2개 이상인 복수(ex: **books**(책들), **dogs**(개들), **trees**(나무들), **these**(이것들), **those**(저것들)'일 땐 동사 앞에 **don't**를 붙여서 부정문을 만듭니다. (**don't**는 '**do not**'의 줄임말입니다.)

🔗 단어연결법 3 주어(3인칭 단수)+doesn't+동사

주어가 'He(그), She(그녀), a book(1개의 책), a dog(1마리의 개), this(이것), that(저것)'과 같이 1명/1개/1마리인 제3의 대상을 지칭하는 '3인칭 단수'일 땐 동사 앞에 **doesn't**를 붙여서 부정문을 만듭니다. (**doesn't**는 '**does not**'의 줄임말입니다.)

단어연결법 적용하기

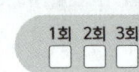

1단계 단어 익히기

QR코드를 찍어 단어들을 듣고 따라 말하며 머릿속에 새기세요. (**3회** 반복)

cook	요리하다	think	생각하다
drive	운전하다	study	공부하다
sing	노래하다	read	읽다, 독서하다
dance	춤추다	write	(글을) 쓰다
swim	수영하다	wait	기다리다
travel	여행하다	stay	머무르다

2단계 단어연결법으로 문장 만들기

단어연결법으로 만든 문장들을 듣고 따라 말하고, 우리말 해석을 보며 다시 영작해 보세요. (**3회** 반복)

I don't cook.	나는 요리하지 않아.	I don't think.	나는 생각하지 않아.
I don't drive.	나는 운전하지 않아.	I don't study.	나는 공부하지 않아.
I don't sing.	나는 노래하지 않아.	I don't read.	나는 독서하지 않아.
I don't dance.	나는 춤추지 않아.	I don't write.	나는 글을 쓰지 않아.
I don't swim.	나는 수영하지 않아.	I don't wait.	나는 기다리지 않아.
I don't travel.	나는 여행하지 않아.	I don't stay.	나는 머무르지 않아.

You don' cook.	너는 요리하지 않아.
You don't drive.	너는 운전하지 않아.
You don't sing.	너는 노래하지 않아.
We don't dance.	우리는 춤추지 않아.
We don't swim.	우리는 수영하지 않아.
We don't travel.	우리는 여행하지 않아.
They don't' think.	그들은 생각하지 않아.
They don't study.	그들은 공부하지 않아.
They don't read.	그들은 독서하지 않아.
He doesn't write.	그는 글을 쓰지 않아.
He doesn't wait.	그는 기다리지 않아.
He doesn't stay.	그는 머무르지 않아.
She doesn't cook.	그녀는 요리하지 않아.
She doesn't drive.	그녀는 운전하지 않아.
She doesn't sing.	그녀는 노래하지 않아.
Siwon doesn't dance.	시원이는 춤추지 않아.
Siwon doesn't swim.	시원이는 수영하지 않아.
Siwon doesn't travel.	시원이는 여행하지 않아.
Rachel doesn't study.	레이첼은 공부하지 않아.
Rachel doesn't stay.	레이첼은 머무르지 않아.

STEP 2 | 1초 만에 우리말로 해석하기

음원_008

QR코드를 찍어 아래의 영어 문장들을 쭉 들으며 1초 만에 우리말로 해석하고, 말하면서 박스(□)에 체크 표시를 해 나가세요.(우리말 해설 정답은 p. 34~35 참고)

🎯 꼭 명심해 주세요

1. 반드시 "소리 내어" 말하세요. **(ex)** "**I drink**"를 듣고 "나는 마셔"라고 소리 내어 말할 것!
2. 쉼 없이 스피디하게 쭉~ 말하면서 진행해야 효과가 좋습니다.
3. 많이 말하면 말할수록 영문의 뜻이 머릿속에 새겨진다는 걸 꼭 기억하세요.

☐ I **don't cook**.		☐ You **don't cook**.
☐ I **don't drive**.		☐ You **don't drive**.
☐ I **don't sing**.		☐ You **don't sing**.
☐ I **don't dance**.		☐ You **don't dance**.
☐ I **don't swim**.		☐ You **don't swim**.
☐ I **don't travel**.		☐ You **don't travel**.
☐ I **don't think**.		☐ You **don't think**.
☐ I **don't study**.		☐ You **don't study**.
☐ I **don't read**.		☐ You **don't read**.
☐ I **don't write**.		☐ You **don't write**.
☐ I **don't wait**.		☐ You **don't wait**.
☐ I **don't stay**.		☐ You **don't stay**.

- ☐ We **don't dance**.
- ☐ We **don't swim**.
- ☐ We **don't travel**.
- ☐ We **don't sing**.
- ☐ We **don't drive**.
- ☐ We **don't read**.
- ☐ We **don't wait**.
- ☐ We **don't cook**.
- ☐ We **don't think**.
- ☐ We **don't study**.
- ☐ They **don't cook**.
- ☐ They **don't drive**.
- ☐ They **don't sing**.
- ☐ They **don't dance**.
- ☐ They **don't travel**.
- ☐ They **don't stay**.
- ☐ They **don't write**.
- ☐ They **don't think**.
- ☐ They **don't study**.
- ☐ They **don't read**.

- ☐ He **doesn't write**.
- ☐ He **doesn't wait**.
- ☐ He **doesn't stay**.
- ☐ He **doesn't sing**.
- ☐ He **doesn't dance**.
- ☐ He **doesn't study**.
- ☐ He **doesn't travel**.
- ☐ She **doesn't cook**.
- ☐ She **doesn't drive**.
- ☐ She **doesn't sing**.
- ☐ She **doesn't read**.
- ☐ She **doesn't swim**.
- ☐ She **doesn't wait**.
- ☐ She **doesn't stay**.
- ☐ Siwon **doesn't dance**.
- ☐ Siwon **doesn't swim**.
- ☐ Siwon **doesn't travel**.
- ☐ Rachel **doesn't study**.
- ☐ Rachel **doesn't stay**.
- ☐ Rachel **doesn't cook**.

STEP 3 1초 만에 영어로 말하기

 음원_009

이번엔 QR 코드를 찍어 우리말 문장들을 듣고 읽으면서 1초 만에 다시 영작해서 말하고, 말하면서 박스(□)에 체크 표시를 해 나가세요. (영작 정답은 P. 32~33 참고)

🎯 꼭 명심해 주세요

1. 반드시 "소리 내어" 말하세요. (ex) "나는 마셔"를 보고 "I drink"라고 소리 내어 말할 것!
2. 쉼 없이 스피디하게 쭉~ 말하면서 진행해야 효과가 좋습니다.
3. 많이 말하면 말할수록 영어 입 근육이 만들어진다는 걸 꼭 기억하세요.

□ 나는 요리하지 않아.	□ 너는 요리하지 않아.
□ 나는 운전하지 않아.	□ 너는 운전하지 않아.
□ 나는 노래하지 않아.	□ 너는 노래하지 않아.
□ 나는 춤추지 않아.	□ 너는 춤추지 않아.
□ 나는 수영하지 않아.	□ 너는 수영하지 않아.
□ 나는 여행하지 않아.	□ 너는 여행하지 않아.
□ 나는 생각하지 않아.	□ 너는 생각하지 않아.
□ 나는 공부하지 않아.	□ 너는 공부하지 않아.
□ 나는 독서하지 않아.	□ 너는 독서하지 않아.
□ 나는 글을 쓰지 않아.	□ 너는 글을 쓰지 않아.
□ 나는 기다리지 않아.	□ 너는 기다리지 않아.
□ 나는 머무르지 않아.	□ 너는 머무르지 않아.

- ☐ 우리는 춤추지 않아.
- ☐ 우리는 수영하지 않아.
- ☐ 우리는 여행하지 않아.
- ☐ 우리는 노래하지 않아.
- ☐ 우리는 운전하지 않아.
- ☐ 우리는 독서하지 않아.
- ☐ 우리는 기다리지 않아.
- ☐ 우리는 요리하지 않아.
- ☐ 우리는 생각하지 않아.
- ☐ 우리는 공부하지 않아.
- ☐ 그들은 요리하지 않아.
- ☐ 그들은 운전하지 않아.
- ☐ 그들은 노래하지 않아.
- ☐ 그들은 춤추지 않아.
- ☐ 그들은 여행하지 않아.
- ☐ 그들은 머무르지 않아.
- ☐ 그들은 글을 쓰지 않아.
- ☐ 그들은 생각하지 않아.
- ☐ 그들은 공부하지 않아.
- ☐ 그들은 독서하지 않아.

- ☐ 그는 글을 쓰지 않아.
- ☐ 그는 기다리지 않아.
- ☐ 그는 머무르지 않아.
- ☐ 그는 노래하지 않아.
- ☐ 그는 춤추지 않아.
- ☐ 그는 공부하지 않아.
- ☐ 그는 여행하지 않아.
- ☐ 그녀는 요리하지 않아.
- ☐ 그녀는 운전하지 않아.
- ☐ 그녀는 노래하지 않아.
- ☐ 그녀는 독서하지 않아.
- ☐ 그녀는 수영하지 않아.
- ☐ 그녀는 기다리지 않아.
- ☐ 그녀는 머무르지 않아.
- ☐ 시원이는 춤추지 않아.
- ☐ 시원이는 수영하지 않아.
- ☐ 시원이는 여행하지 않아.
- ☐ 레이첼은 공부하지 않아.
- ☐ 레이첼은 머무르지 않아.
- ☐ 레이첼은 요리하지 않아.

확장해서 길~게 말하기

이번엔 앞서 배운 문장들을 좀 더 길게 확장해서 말하는 연습을 해 봅시다. **QR**코드를 찍어 영어 문장들을 듣고 따라 말하며 박스(□)에 체크 표시도 해 나가세요.

📢 문장 확장 팁

1강에서 서로 동등한 내용을 연결해 주는 **and**로 문장을 길게 말하는 연습을 해 보았다면, 이번엔 서로 반대되는 두 내용을 연결해 주는 '**but**(그러나, ~이지만)'으로 문장을 좀 더 길게 말해 봅시다.

☐	I don't cook **but** I eat.	나는 요리하지 않**지만** 먹어.
☐	I don't sing **but** I dance.	나는 노래하지 않**지만** 춤춰.
☐	I don't write **but** I read.	나는 글을 쓰지 않**지만** 독서를 해.
☐	You don't run **but** you walk.	너는 뛰지 않**지만** 걸어.
☐	You don't eat **but** you cook.	너는 먹지 않**지만** 요리해.
☐	We don't walk **but** we drive.	우리는 걷지 않**지만** 운전해.
☐	We don't study **but** we read.	우리는 공부하지 않**지만** 독서를 해.
☐	They don't dance **but** they sing.	그들은 춤추지 않**지만** 노래해.
☐	They don't cook **but** they eat.	그들은 요리하지 않**지만** 먹어.
☐	He doesn't write **but** he reads.	그는 글을 쓰지 않**지만** 독서를 해.
☐	He doesn't walk **but** he drives.	그는 걷지 않**지만** 운전해.
☐	She doesn't drive **but** she walks.	그녀는 운전하지 않**지만** 걸어.
☐	She doesn't wait **but** she stays.	그녀는 기다리지 않**지만** 머물러.
☐	Siwon doesn't study **but** he reads.	시원이는 공부하지 않**지만** 독서를 해.

1초 만에 빠르게 — 우리말로 해석하기

앞서 말해 봤던 긴 영어 문장들을 1초 만에 빠르게 우리말로 해석해서 말해 보세요.

- ☐ I don't cook **but** I eat.
- ☐ I don't sing **but** I dance.
- ☐ I don't write **but** I read.
- ☐ You don't run **but** you walk.
- ☐ You don't eat **but** you cook.
- ☐ We don't walk **but** we drive.
- ☐ We don't study **but** we read.

- ☐ They don't dance **but** they sing.
- ☐ They don't cook **but** they eat.
- ☐ He doesn't write **but** he reads.
- ☐ He doesn't walk **but** he drives.
- ☐ She doesn't drive **but** she walks.
- ☐ She doesn't wait **but** she stays.
- ☐ Siwon doesn't study **but** he reads.

1초 만에 빠르게 — 영어로 말하기

이번엔 반대로 아래의 우리말 문장들을 1초 만에 빠르게 영어로 바꿔서 말해 보세요.

- ☐ 나는 요리하지 않**지만** 먹어.
- ☐ 나는 노래하지 않**지만** 춤춰.
- ☐ 나는 글을 쓰지 않**지만** 독서를 해.
- ☐ 너는 뛰지 않**지만** 걸어.
- ☐ 너는 먹지 않**지만** 요리해.
- ☐ 우리는 걷지 않**지만** 운전해.
- ☐ 우리는 공부하지 않**지만** 독서를 해.

- ☐ 그들은 춤추지 않**지만** 노래해.
- ☐ 그들은 요리하지 않**지만** 먹어.
- ☐ 그는 글을 쓰지 않**지만** 독서를 해.
- ☐ 그는 걷지 않**지만** 운전해.
- ☐ 그녀는 운전하지 않**지만** 걸어.
- ☐ 그녀는 기다리지 않**지만** 머물러.
- ☐ 시원이는 공부하지 않**지만** 독서를 해.

"Great job
on finishing Lesson 2!
Congratulations!"

기적의 말하기 **기초영어법**

03강

I drink coffee.

나는 커피를 마셔.

단어연결법 익히기

시원쌤 TALK 이번 시간엔 '주어+동사'라는 문장 뒤에 '목적어'를 더해 말하는 연습을 해 보겠습니다. 목적어는 동사의 행동이 가해지는 대상으로서 문장에서 '~을·를'이라고 해석되며, 어떠한 동사들은 '자다(sleep), 뛰다(run)'와 같이 목적어가 없어도 되지만 어떠한 동사들은 '~을·를 마시다(drink), ~을·를 먹다(eat)'와 같이 목적어가 필요하기도 합니다.

단어연결법 1 주어+동사+목적어

우리말은 목적어가 '동사 앞(ex: 나는 커피를 마셔.)'에 나오지만 영어에서 목적어는 '동사 뒤'에 나옵니다. 그럼 이번엔 ' **drink**(마시다), **coffee**(커피)'라는 동사와 단어를 활용하여 '주어+동사+목적어'라는 문장 형태를 말해 봅시다.

단어연결법 2 — 주어+don't/doesn't+동사+목적어

'주어+동사+목적어'는 '~은·는·이·가 ~을·를 ~하지 않는다'라고 해석되는 '긍정문'이며, 이것을 부정문으로 만들 땐 2강에서 배운 것과 마찬가지로 동사 앞에 don't, doesn't를 붙여 말하면 됩니다. (주어가 3인칭 단수일 땐 doesn't를 써야 되는 거 아시죠?)

단어연결법 3 — Do/Does+주어+동사+목적어?

'주어+동사+목적어'를 의문문으로 만들 때 역시 2강에서 배운 것과 마찬가지로 문장 맨 앞에 Do/Does를 붙여 말하면 됩니다. (주어가 3인칭 단수일 땐 문장 앞에 Does를 붙이고 주어 뒤 동사 끝엔 '-(e)s'를 안 붙여도 된다는 거 기억나시죠?)

Do/Does (조동사) + **주어** ___은·는·이·가 + **동사** ___하니? + **목적어?** ___을·를

Do (조동사) + **you** 너는 + **drink** 마시니? + **coffee?** 커피를

Does (조동사) + **he/she** 그는/그녀는 + **drink** 마시니? + **coffee?** 커피를

단어연결법 적용하기

 **1단계** 단어 익히기

QR코드를 찍어 단어들을 듣고 따라 말하며 머릿속에 새기세요. (**3회** 반복)

coffee	커피	like	좋아하다
juice	주스	love	사랑하다
rice	쌀, 밥	hate	싫어하다
bread	빵	want	원하다
friends	친구들	meet	만나다
parents	부모님	help	도와주다

2단계 단어연결법으로 문장 만들기

단어연결법으로 만든 문장들을 듣고 따라 말하고, 우리말 해석을 보며 다시 영작해 보세요. (**3회** 반복)

I drink coffee.	나는 커피를 마셔.	I hate juice.	나는 주스를 싫어해.
I drink juice.	나는 주스를 마셔.	I want coffee.	나는 커피를 원해.
I eat rice.	나는 밥을 먹어.	I love coffee.	나는 커피를 사랑해.
I eat bread.	나는 빵을 먹어.	I love friends.	나는 친구들을 사랑해.
I like rice.	나는 밥을 좋아해.	I meet friends.	나는 친구들을 만나.
I like bread.	나는 빵을 좋아해.	I help parents.	나는 부모님을 도와.

You like coffee.	너는 커피를 좋아해.
He likes friends.	그는 친구들을 좋아해.
We love parents.	우리는 부모님을 사랑해.
She loves bread.	그녀는 빵을 사랑해[굉장히 좋아해].
They hate juice.	그들은 주스를 싫어해.
Siwon hates rice.	시원이는 밥을 싫어해.
I don't drink coffee.	나는 커피를 마시지 않아.
He doesn't drink juice.	그는 주스를 마시지 않아.
We don't meet friends.	우리는 친구들을 만나지 않아.
She doesn't meet parents.	그녀는 부모님을 만나지 않아.
They don't want bread.	그들은 빵을 원하지 않아.
Siwon doesn't want juice.	시원이는 주스를 원하지 않아.
Do you drink coffee?	너는 커피를 마시니?
Do you want juice?	너는 주스를 원하니?
Do they meet parents?	그들은 부모님을 만나니?
Do they love friends?	그들은 친구들을 사랑하니?
Does he help friends?	그는 친구들을 도와주니?
Does she drink coffee?	그녀는 커피를 마시니?
Does Siwon eat rice?	시원이는 밥을 먹니?
Does Rachel hate bread?	레이첼은 빵을 싫어하니?

STEP 2 1초 만에 우리말로 해석하기

QR코드를 찍어 아래의 영어 문장들을 쭉 들으며 1초 만에 우리말로 해석하고, 말하면서 박스 (□)에 체크 표시를 해 나가세요.(우리말 해설 정답은 p. 46~47 참고)

꼭 명심해 주세요

1. 반드시 "소리 내어" 말하세요. (ex) "I drink"를 듣고 "나는 마셔"라고 소리 내어 말할 것!
2. 쉼 없이 스피디하게 쭉~ 말하면서 진행해야 효과가 좋습니다.
3. 많이 말하면 말할수록 영문의 뜻이 머릿속에 새겨진다는 걸 꼭 기억하세요.

☐ **I drink** coffee.	☐ **You drink** coffee.
☐ **I drink** juice.	☐ **You drink** juice.
☐ **I eat** rice.	☐ **You eat** rice.
☐ **I eat** bread.	☐ **You eat** bread.
☐ **I like** rice.	☐ **You like** rice.
☐ **I like** bread.	☐ **You like** bread.
☐ **I hate** juice.	☐ **You hate** juice.
☐ **I want** coffee.	☐ **You want** coffee.
☐ **I love** coffee.	☐ **You love** coffee.
☐ **I love** friends.	☐ **You love** friends.
☐ **I meet** friends.	☐ **You meet** friends.
☐ **I help** parents.	☐ **You help** parents.

- ☐ **We drink** coffee.
- ☐ **We eat** bread.
- ☐ **We like** juice.
- ☐ **We love** parents.
- ☐ **We help** friends.
- ☐ **They drink** coffee.
- ☐ **They hate** juice.
- ☐ **They like** rice.
- ☐ **They love** friends.
- ☐ **They help** parents.
- ☐ **He drinks** coffee.
- ☐ **He eats** rice.
- ☐ **He likes** bread.
- ☐ **He loves** friends.
- ☐ **He helps** parents.
- ☐ **She drinks** coffee.
- ☐ **She eats** bread.
- ☐ **She wants** juice.
- ☐ **She meets** friends.
- ☐ **She loves** parents.

- ☐ **I don't drink** coffee.
- ☐ **I don't eat** bread.
- ☐ **I don't like** juice.
- ☐ **We don't meet** friends.
- ☐ **They don't want** bread.
- ☐ **He doesn't drink** juice.
- ☐ **He doesn't like** coffee.
- ☐ **She doesn't meet** parents.
- ☐ **She doesn't help** friends.
- ☐ **Siwon doesn't want** juice.
- ☐ **Do you drink** coffee**?**
- ☐ **Do you want** juice**?**
- ☐ **Do they meet** parents**?**
- ☐ **Do they love** friends**?**
- ☐ **Does he help** friends**?**
- ☐ **Does he like** bread**?**
- ☐ **Does she drink** coffee**?**
- ☐ **Does she hate** juice**?**
- ☐ **Does Siwon eat** rice**?**
- ☐ **Does Rachel hate** bread**?**

STEP 3 1초 만에 영어로 말하기

 음원_014

이번엔 **QR** 코드를 찍어 우리말 문장들을 듣고 읽으면서 **1초** 만에 다시 영작해서 말하고, 말하면서 박스(□)에 체크 표시를 해 나가세요. (영작 정답은 **P. 44~45** 참고)

꼭 명심해 주세요

1. 반드시 "소리 내어" 말하세요. (**ex**) "나는 마셔"를 보고 "**I drink**"라고 소리 내어 말할 것!
2. 쉼 없이 스피디하게 쭉~ 말하면서 진행해야 효과가 좋습니다.
3. 많이 말하면 말할수록 영어 입 근육이 만들어진다는 걸 꼭 기억하세요.

□ 나는 커피를 마셔.	□ 너는 커피를 마셔.
□ 나는 주스를 마셔.	□ 너는 주스를 마셔.
□ 나는 밥을 먹어.	□ 너는 밥을 먹어.
□ 나는 빵을 먹어.	□ 너는 빵을 먹어.
□ 나는 밥을 좋아해.	□ 너는 밥을 좋아해.
□ 나는 빵을 좋아해.	□ 너는 빵을 좋아해.
□ 나는 주스를 싫어해.	□ 너는 주스를 싫어해.
□ 나는 커피를 원해.	□ 너는 커피를 원해.
□ 나는 커피를 사랑해.	□ 너는 커피를 사랑해.
□ 나는 친구들을 사랑해.	□ 너는 친구들을 사랑해.
□ 나는 친구들을 만나.	□ 너는 친구들을 만나.
□ 나는 부모님을 도와.	□ 너는 부모님을 도와.

☐ 우리는 커피를 마셔.	☐ 나는 커피를 마시지 않아.
☐ 우리는 빵을 먹어.	☐ 나는 빵을 먹지 않아.
☐ 우리는 주스를 좋아해.	☐ 나는 주스를 좋아하지 않아.
☐ 우리는 부모님을 사랑해.	☐ 우리는 친구들을 만나지 않아.
☐ 우리는 친구들을 도와.	☐ 그들은 빵을 원하지 않아.
☐ 그들은 커피를 마셔.	☐ 그는 주스를 마시지 않아.
☐ 그들은 주스를 싫어해.	☐ 그는 커피를 좋아하지 않아.
☐ 그들은 밥을 좋아해.	☐ 그녀는 부모님을 만나지 않아.
☐ 그들은 친구들을 사랑해.	☐ 그녀는 친구들을 돕지 않아.
☐ 그들은 부모님을 도와.	☐ 시원이는 주스를 원하지 않아.
☐ 그는 커피를 마셔.	☐ 너는 커피를 마시니?
☐ 그는 밥을 먹어.	☐ 너는 주스를 원하니?
☐ 그는 빵을 좋아해.	☐ 그들은 부모님을 만나니?
☐ 그는 친구들을 사랑해.	☐ 그들은 친구들을 사랑하니?
☐ 그는 부모님을 도와.	☐ 그는 친구들을 도와주니?
☐ 그녀는 커피를 마셔.	☐ 그는 빵을 좋아하니?
☐ 그녀는 빵을 먹어.	☐ 그녀는 커피를 마시니?
☐ 그녀는 주스를 원해.	☐ 그녀는 주스를 싫어하니?
☐ 그녀는 친구들을 만나.	☐ 시원이는 밥을 먹니?
☐ 그녀는 부모님을 사랑해.	☐ 레이첼은 빵을 싫어하니?

STEP 4 확장해서 길~게 말하기

이번엔 앞서 배운 문장들을 좀 더 길게 확장해서 말하는 연습을 해 봅시다. **QR**코드를 찍어 영어 문장들을 듣고 따라 말하며 박스(□)에 체크 표시도 해 나가세요.

문장 확장 팁

앞서 배운 **and**(그리고, ~와), **but**(그러나, ~이지만)'이란 표현들을 '주어+동사+목적어'라는 문장 구조에 덧붙여 말하는 연습을 해 봅시다. 문장이 길어져도 활용 패턴은 같으니 차근차근 문장을 만들어서 말해 보세요.

□ I drink coffee **and** eat bread.   나는 커피를 마시**고** 빵을 먹어.

□ I want bread **but** I don't want rice.   나는 빵을 원하지**만** 밥은 원하지 않아.

□ I like coffee **but** I don't like juice.   나는 커피를 좋아하지**만** 주스는 좋아하지 않아.

□ I eat bread **and** drink juice.   나는 빵을 먹**고** 주스를 마셔.

□ You hate bread **but** you like rice.   너는 빵을 싫어하지**만** 밥을 좋아해.

□ You love parents **and** help them.   너는 부모님을 사랑하**고** 그들을 도와.

□ You like friends **and** love parents.   너는 친구들을 좋아하**고** 부모님을 사랑해.

□ We drink juice **and** eat bread.   우리는 주스를 마시**고** 빵을 먹어.

□ We eat rice **but** we don't eat bread.   우리는 밥을 먹지**만** 빵을 먹지 않아.

□ They like friends **and** love parents.   그들은 친구들을 좋아하**고** 부모님을 사랑해.

□ They love parents **and** help them.   그들은 부모님을 사랑하**고** 그들을 도와.

□ He loves friends **and** helps them.   그는 친구들을 사랑하**고** 그들을 도와.

□ He likes coffee **but** he hates juice.   그는 커피를 좋아하지**만** 주스를 싫어해.

□ She loves friends **and** meets them.   그녀는 친구들을 사랑하**고** 그들을 만나.

⚡ 1초 만에 빠르게 우리말로 해석하기

앞서 말해 봤던 긴 영어 문장들을 1초 만에 빠르게 우리말로 해석해서 말해 보세요.

☐	I drink coffee **and** eat bread.	☐	We drink juice **and** eat bread.
☐	I want bread **but** I don't want rice.	☐	We eat rice **but** we don't eat bread.
☐	I like coffee **but** I don't like juice.	☐	They like friends **and** love parents.
☐	I eat bread **and** drink juice.	☐	They love parents **and** help them.
☐	You hate bread **but** you like rice.	☐	He loves friends **and** helps them.
☐	You love parents **and** help them.	☐	He likes coffee **but** he hates juice.
☐	You like friends **and** love parents.	☐	She loves friends **and** meets them.

⚡ 1초 만에 빠르게 영어로 말하기

이번엔 반대로 아래의 우리말 문장들을 1초 만에 빠르게 영어로 바꿔서 말해 보세요.

☐	나는 커피를 마시**고** 빵을 먹어.	☐	우리는 주스를 마시**고** 빵을 먹어.
☐	나는 빵을 원하지**만** 밥은 원하지 않아.	☐	우리는 밥을 먹지**만** 빵을 먹지 않아.
☐	나는 커피를 좋아하지**만** 주스는 좋아하지 않아.	☐	그들은 친구들을 좋아하**고** 부모님을 사랑해.
☐	나는 빵을 먹**고** 주스를 마셔.	☐	그들은 부모님을 사랑하**고** 그들을 도와.
☐	너는 빵을 싫어하지**만** 밥을 좋아해.	☐	그는 친구들을 사랑하**고** 그들을 도와.
☐	너는 부모님을 사랑하**고** 그들을 도와.	☐	그는 커피를 좋아하지**만** 주스를 싫어해.
☐	너는 친구들을 좋아하**고** 부모님을 사랑해.	☐	그녀는 친구들을 사랑하**고** 그들을 만나.

"Great job
on finishing Lesson 3!
Congratulations!"

기적의 말하기 **기초영어법**

04강

I will drink coffee.
나는 커피를 마실 거야.

단어연결법 익히기

시원쌤 TALK 우리는 항상 '현재 시제((현재) ~한다)'로만 말하지 않습니다. '(과거에) ~했다, (미래에) ~할 것이다'와 같이 '과거 시제, 미래 시제'로 말하기도 하죠. 이번 시간엔 '(미래에) ~할 것이다'라고 말하는 '미래 시제 문장'을 만드는 법을 배워 보겠습니다. 미래 시제 문장을 만드는 방법은 매우 간단합니다. 동사 앞에 will만 붙이면 되니까요.

단어연결법 1   주어+will+동사+목적어

앞서 말했듯 미래 시제 문장을 만들 땐 동사 앞에 **will**만 붙이면 됩니다. **will**은 미래 시제 문장을 만드는 데 도움을 주기 때문에 도울 조(助)라는 한자를 써서 '조동사'라고 하며, 주어가 무엇이든 무조건 'will+동사'라고만 하면 되니 복잡할 것이 없습니다.

단어연결법 2   주어+won't+동사+목적어

'~하지 않을 것이다'라는 뜻의 '미래 시제 부정문'을 만들 땐 will과 not(~이 아닌)이 결합된 'will not'을 동사 앞에 붙이면 됩니다. ('will not'은 줄여서 won't라고 하며, won't를 발음할 땐 '원트'가 아니라 '웡트'라고 발음해야 합니다.)

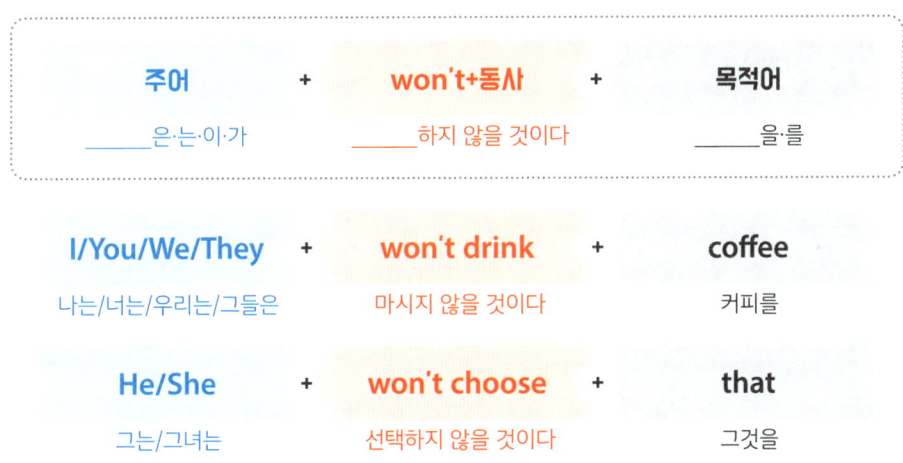

단어연결법 3   Will+주어+동사+목적어?

조동사 will을 '주어+동사+(목적어)'라는 문장 맨 앞에 놓으면 '(미래에) ~할 것이니?'라고 묻는 '미래 시제 의문문'이 됩니다. 주어가 무엇이든 상관없이 현재 시제 긍정문 맨 앞에 will만 붙이면 되니 정말 간단하죠?

Will	+	주어	+	동사	+	목적어?
(조동사)		___은·는·이·가		___할 거니?		___을·를
Will	+	you	+	drink	+	coffee?
(조동사)		너는		마실 거니?		커피를
Will	+	he/she	+	learn	+	Japanese?
(조동사)		그는/그녀는		배울 것이니?		일본어를

53

단어연결법 적용하기

1단계 단어 익히기

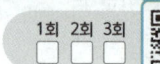

QR코드를 찍어 단어들을 듣고 따라 말하며 머릿속에 새기세요. (3회 반복)

this	이것, 이	buy	사다
that	저[그]것, 저[그]	choose	선택하다
it	그것	invite	초대하다
him/her	그(를) / 그녀(를)	learn	배우다
English	영어	remember	기억하다
Japanese	일본어	forget	까먹다, 잊다

2단계 단어연결법으로 문장 만들기

단어연결법으로 만든 문장들을 듣고 따라 말하고, 우리말 해석을 보며 다시 영작해 보세요. (3회 반복)

I will drink coffee.	나는 커피를 마실 거야.
I will buy this.	나는 이것을 살 거야.
I will choose that.	나는 그것을 선택할 거야.
I will invite him.	나는 그를 초대할 거야.
I will remember her.	나는 그녀를 기억할 거야.
I will learn English.	나는 영어를 배울 거야.

You will forget that.	너는 그것을 까먹을 거야.
We will learn Japanese.	우리는 일본어를 배울 거야.
They will invite her.	그들은 그녀를 초대할 거야.
He will choose this.	그는 이것을 선택할 거야.
She will buy that.	그녀는 그것을 살 거야.
Siwon will remember this.	시원이는 이것을 기억할 거야.
I won't drink coffee.	나는 커피를 마시지 않을 거야.
I won't forget him.	나는 그를 잊지 않을 거야.
I won't buy this.	나는 이것을 사지 않을 거야.
We won't choose that.	우리는 그것을 선택하지 않을 거야.
They won't invite her.	그들은 그녀를 초대하지 않을 거야.
He won't remember this.	그는 이것을 기억하지 않을[못할] 거야.
She won't learn English.	그녀는 영어를 배우지 않을 거야.
Will you drink coffee?	너는 커피를 마실 거니?
Will you buy that?	너는 그것을 살 거니?
Will you invite him?	너는 그를 초대할 거니?
Will he remember that?	그가 그것을 기억하게 될까?
Will she choose this?	그녀가 그것을 선택하게 될까?
Will Siwon forget her?	시원이가 그녀를 잊게 될까?
Will Rachel learn English?	레이첼이 영어를 배우게 될까?

STEP 2   1초 만에 우리말로 해석하기

QR코드를 찍어 아래의 영어 문장들을 쭉 들으며 **1초 만에 우리말로 해석하고, 말하면서** 박스(□)에 체크 표시를 해 나가세요.(우리말 해설 정답은 **p. 58~59** 참고)

꼭 명심해 주세요

1. 반드시 "소리 내어" 말하세요. (**ex**) "**I drink**"를 듣고 "나는 마셔"라고 소리 내어 말할 것!
2. 쉼 없이 스피디하게 쭉~ 말하면서 진행해야 효과가 좋습니다.
3. 많이 말하면 말할수록 영문의 뜻이 머릿속에 새겨진다는 걸 꼭 기억하세요.

- ☐ **I will drink** coffee.
- ☐ **I will buy** coffee.
- ☐ **I will buy** this.
- ☐ **I will buy** that.
- ☐ **I will choose** this.
- ☐ **I will choose** that.
- ☐ **I will invite** him.
- ☐ **I will invite** her.
- ☐ **I will remember** him.
- ☐ **I will remember** her.
- ☐ **I will remember** this.
- ☐ **I will remember** that.

- ☐ **I will forget** this.
- ☐ **I will forget** that.
- ☐ **I will forget** him.
- ☐ **I will forget** her.
- ☐ **I will learn** English.
- ☐ **I will learn** Japanese.
- ☐ **I will learn** this.
- ☐ **I will learn** that.
- ☐ **You will like** this.
- ☐ **You will hate** that.
- ☐ **You will remember** this.
- ☐ **You will forget** that.

☐ **We will buy** this.	☐ **I won't drink** coffee.
☐ **We will choose** that.	☐ **I won't forget** him.
☐ **We will invite** him.	☐ **I won't buy** this.
☐ **We will remember** her.	☐ **We won't choose** that.
☐ **We will learn** English.	☐ **We won't invite** him.
☐ **They will buy** this.	☐ **They won't invite** her.
☐ **They will choose** that.	☐ **They won't forget** that.
☐ **They will invite** her.	☐ **He won't remember** this.
☐ **They will forget** him.	☐ **She won't learn** English.
☐ **They will learn** Japanese.	☐ **Siwon won't buy** that.
☐ **He will buy** that.	☐ **Will you drink** coffee**?**
☐ **He will choose** this.	☐ **Will you buy** this**?**
☐ **He will remember** her.	☐ **Will you invite** him**?**
☐ **He will invite** him.	☐ **Will you choose** that**?**
☐ **He will learn** English.	☐ **Will he remember** that**?**
☐ **She will like** this.	☐ **Will she choose** this**?**
☐ **She will hate** that.	☐ **Will he remember** that**?**
☐ **She will invite** him.	☐ **Will she choose** this**?**
☐ **She will remember** her.	☐ **Will Siwon forget** her**?**
☐ **She will learn** Japanese.	☐ **Will Rachel learn** English**?**

STEP 3 · 1초 만에 영어로 말하기

이번엔 QR 코드를 찍어 우리말 문장들을 듣고 읽으면서 1초 만에 다시 영작해서 말하고, 말하면서 박스(□)에 체크 표시를 해 나가세요. (영작 정답은 P. 56~57 참고)

🎯 **꼭 명심해 주세요**

1. 반드시 "소리 내어" 말하세요. (ex) "나는 마셔"를 보고 "I drink"라고 소리 내어 말할 것!
2. 쉼 없이 스피디하게 쭉~ 말하면서 진행해야 효과가 좋습니다.
3. 많이 말하면 말할수록 영어 입 근육이 만들어진다는 걸 꼭 기억하세요.

□	나는 커피를 마실 거야.	□	나는 이것을 잊을 거야.
□	나는 커피를 살 거야.	□	나는 그것을 잊을 거야.
□	나는 이것을 살 거야.	□	나는 그를 잊을 거야.
□	나는 저것을 살 거야.	□	나는 그녀를 잊을 거야.
□	나는 이것을 선택할 거야.	□	나는 영어를 배울 거야.
□	나는 그것을 선택할 거야.	□	나는 일본어를 배울 거야.
□	나는 그를 초대할 거야.	□	나는 이것을 배울 거야.
□	나는 그녀를 초대할 거야.	□	나는 그것을 배울 거야.
□	나는 그를 기억할 거야.	□	너는 이것을 좋아하게 될 거야.
□	나는 그녀를 기억할 거야.	□	너는 그것을 싫어하게 될 거야.
□	나는 이것을 기억할 거야.	□	너는 이것을 기억하게 될 거야.
□	나는 그것을 기억할 거야.	□	너는 그것을 잊게 될 거야.

- ☐ 우리는 이것을 살 거야.
- ☐ 우리는 그것을 선택할 거야.
- ☐ 우리는 그를 초대할 거야.
- ☐ 우리는 그녀를 기억할 거야.
- ☐ 우리는 영어를 배울 거야.
- ☐ 그들은 이것을 살 거야.
- ☐ 그들은 그것을 선택할 거야.
- ☐ 그들은 그녀를 초대할 거야.
- ☐ 그들은 그를 잊을 거야.
- ☐ 그들은 일본어를 배울 거야.
- ☐ 그는 그것을 살 거야.
- ☐ 그는 이것을 선택할 거야.
- ☐ 그는 그녀를 기억할 거야.
- ☐ 그는 그를 초대할 거야.
- ☐ 그는 영어를 배울 거야.
- ☐ 그녀는 이것을 좋아할 거야.
- ☐ 그녀는 그것을 싫어할 거야.
- ☐ 그녀는 그를 초대할 거야.
- ☐ 그녀는 그녀를 기억할 거야.
- ☐ 그녀는 일본어를 배울 거야.

- ☐ 나는 커피를 마시지 않을 거야.
- ☐ 나는 그를 잊지 않을 거야.
- ☐ 나는 이것을 사지 않을 거야.
- ☐ 우리는 그것을 선택하지 않을 거야.
- ☐ 우리는 그를 초대하지 않을 거야.
- ☐ 그들은 그녀를 초대하지 않을 거야.
- ☐ 그들을 그것을 잊지 않을 거야.
- ☐ 그는 이것을 기억하지 않을[못할] 거야.
- ☐ 그녀는 영어를 배우지 않을 거야.
- ☐ 시원이는 그것을 사지 않을 거야.
- ☐ 너는 커피를 마실 거니?
- ☐ 너는 이것을 살 거니?
- ☐ 너는 그를 초대할 거니?
- ☐ 너는 그것을 선택할 거니?
- ☐ 그가 그것을 기억하게 될까?
- ☐ 그녀가 그것을 선택하게 될까?
- ☐ 그가 그것을 기억하게 될까?
- ☐ 그녀가 그것을 선택하게 될까?
- ☐ 시원이가 그녀를 잊게 될까?
- ☐ 레이첼이 영어를 배우게 될까?

STEP 4 확장해서 길~게 말하기

이번엔 앞서 배운 문장들을 좀 더 길게 확장해서 말하는 연습을 해 봅시다. QR코드를 찍어 영어 문장들을 듣고 따라 말하며 박스(☐)에 체크 표시도 해 나가세요.

📢 문장 확장 팁

이번엔 **and, but**에 이어, 두 문장의 인과 관계를 나타내 주는 '**so**(그러므로, ~이어서)'라는 접속사까지 추가하여 문장을 길게 말하는 연습을 해 봅시다. **so**는 'A여서 B이다'라고 말할 때 쓸 수 있는 유용한 접속사입니다.

☐	I will drink coffee **and** eat bread.	나는 커피를 마시**고** 빵을 먹을 거야.
☐	I will choose this **and** buy it.	나는 이것을 선택하**고** 그걸 살 거야.
☐	I will buy this **but** I won't buy that.	나는 이것을 살 거지**만** 저것은 안 살 거야.
☐	I like him **so** I will invite him.	나는 그를 좋아해**서** 그를 초대할 거야.
☐	I like this coffee **so** I will buy it.	나는 이 커피를 좋아해**서** 그걸 살 거야.
☐	I like bread **so** I will eat it.	나는 빵을 좋아해**서** 그걸 먹을 거야.
☐	I love English **so** I will learn it.	나는 영어를 사랑해**서** 그걸 배울 거야.
☐	We like Japanese **so** we will learn it.	우리는 일본어를 좋아해**서** 그걸 배울 거야.
☐	We will eat bread **and** drink coffee.	우리는 빵을 먹**고** 커피를 마실 거야.
☐	He likes her **so** he will invite her.	그는 그녀를 좋아해**서** 그녀를 초대할 거야.
☐	He hates juice **so** he won't drink it.	그는 주스를 싫어해**서** 그걸 안 마실 거야.
☐	He wants this **so** he will buy it.	그는 이것을 원해**서** 그걸 살 거야.
☐	She loves it **but** she won't buy it.	그녀는 그것을 사랑하지**만** 그것을 안 살 거야.
☐	She hates it **so** she won't buy it.	그녀는 그것을 싫어해**서** 그것을 안 살 거야.

1초 만에 빠르게 | 우리말로 해석하기

앞서 말해 봤던 긴 영어 문장들을 1초 만에 빠르게 우리말로 해석해서 말해 보세요.

☐	I will drink coffee **and** eat bread.	☐	We like Japanese **so** we will learn it.
☐	I will choose this **and** buy it.	☐	We will eat bread **and** drink coffee.
☐	I will buy this **but** I won't buy that.	☐	He likes her **so** he will invite her.
☐	I like him **so** I will invite him.	☐	He hates juice **so** he won't drink it.
☐	I like this coffee **so** I will buy it.	☐	He wants this **so** he will buy it.
☐	I like bread **so** I will eat it.	☐	She loves it **but** she won't buy it.
☐	I love English **so** I will learn it.	☐	She hates it **so** she won't buy it.

1초 만에 빠르게 | 영어로 말하기

이번엔 반대로 아래의 우리말 문장들을 1초 만에 빠르게 영어로 바꿔서 말해 보세요.

☐	나는 커피를 마시**고** 빵을 먹을 거야.	☐	우리는 일본어를 좋아해**서** 그걸 배울 거야.
☐	나는 이것을 선택하**고** 그걸 살 거야.	☐	우리는 빵을 먹**고** 커피를 마실 거야.
☐	나는 이것을 살 거지**만** 저것은 안 살 거야.	☐	그는 그녀를 좋아해**서** 그녀를 초대할 거야.
☐	나는 그를 좋아해**서** 그를 초대할 거야.	☐	그는 주스를 싫어해**서** 그걸 안 마실 거야.
☐	나는 이 커피를 좋아해**서** 그걸 살 거야.	☐	그는 이것을 원해**서** 그걸 살 거야.
☐	나는 빵을 좋아해**서** 그걸 먹을 거야.	☐	그녀는 그것을 사랑하지**만** 그것을 안 살 거야.
☐	나는 영어를 사랑해**서** 그걸 배울 거야.	☐	그녀는 그것을 싫어해**서** 그것을 안 살 거야.

"Great job
on finishing Lesson 4!
Congratulations!"

기적의 말하기 **기초영어법**

05강

I can drink coffee.
나는 커피를 마실 수 있어.

단어연결법 익히기

시원쌤 TALK 우리는 단순히 '~한다'라고만 말하지 않고 '~할 수 있다, ~해도 된다, ~할지도 모른다, ~해야 한다'와 같이 다양한 뉘앙스로 말합니다. 이번 시간엔 '~한다'를 '~할 수 있다, ~해도 된다'라는 뉘앙스로 바꿔 말하는 연습을 해 보겠습니다. '~할 수 있다, ~해도 된다'라고 말하는 법은 매우 간단합니다. 동사 앞에 can만 붙이면 되니까요.

단어연결법 1 주어+can+동사+목적어

동사 앞에 **can**을 붙여 말하면 '(가능) ~할 수 있다, (허락) ~해도 된다'라는 뉘앙스가 됩니다. **can** 역시 동사의 뉘앙스를 바꾸는 데 도움을 주기 때문에 도울 조(助)라는 한자를 써서 '조동사'라고 하며, 주어가 무엇이든 상관없이 '**can**+동사'라고 하면 됩니다.

🔗 단어연결법 2 　주어+can't+동사+목적어

can과 not(~이 아닌)을 결합한 'cannot'을 동사 앞에 붙이면 '(불가능) ~할 수 없다, (불허) ~하면 안 된다'라는 뉘앙스가 됩니다. ('cannot'은 줄여서 can't라고 하며, 발음할 땐 '캔트'라고 하기보다 '캐-앤트'와 같이 '캐-앤'이라고 강조하며 발음합니다.)

🔗 단어연결법 3 　Can+주어+동사+목적어?

'주어+동사+(목적어)'라는 현재 시제 긍정문 맨 앞에 can을 붙여 말하면 '~할 수 있니?, ~해도 되니?'라고 묻는 의문문이 됩니다. 특히 'Can I ~?(내가[제가] ~해도 되니[되나요]?'라는 문장은 정말 자주 쓰는 구문이니 입에 착 붙여 두세요.

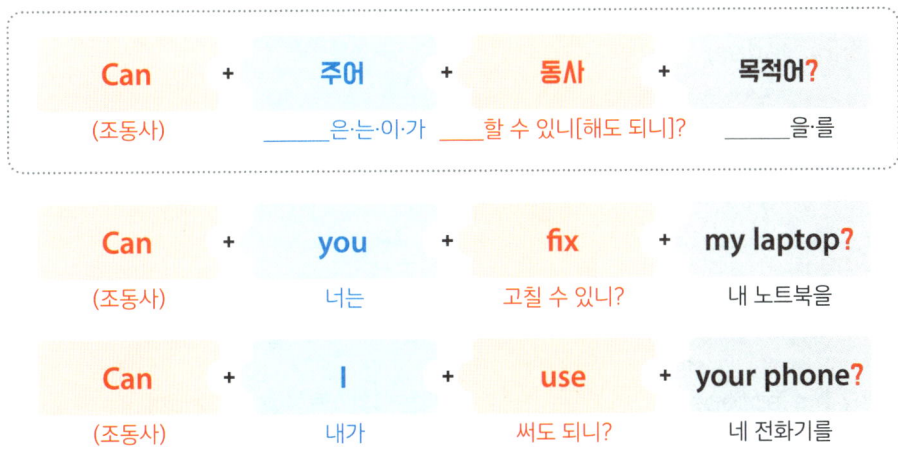

STEP 1 단어연결법 적용하기

1단계 단어 익히기

QR코드를 찍어 단어들을 듣고 따라 말하며 머릿속에 새기세요. (3회 반복)

my, your, our	나의, 너의, 우리의	share	나누다
his, her, their	그의, 그녀의, 그들의	bring	데려오다, 가져오다
it	그것	find	찾다
food	음식	touch	만지다
laptop	노트북	use	사용하다, 쓰다
phone	전화기	fix	고치다

2단계 단어연결법으로 문장 만들기

단어연결법으로 만든 문장들을 듣고 따라 말하고, 우리말 해석을 보며 다시 영작해 보세요. (3회 반복)

I can drink coffee.	나는 커피를 마실 수 있어.
I can share my food.	나는 나의 음식을 나눌 수 있어.
I can bring my friend.	나는 나의 친구를 데려올 수 있어.
I can find it.	나는 그것을 찾을 수 있어.
I can find your phone.	나는 너의 전화기를 찾을 수 있어.
I can fix his laptop.	나는 그의 노트북을 고칠 수 있어.

You can drink coffee.	너는 커피를 마셔도 돼.
You can bring your friend.	너는 너의 친구를 데려와도 돼.
You can use my phone.	너는 내 전화기를 써도 돼.
We can share our food.	우리는 우리의 음식을 나눌 수 있어.
They can fix your laptop.	그들은 너의 노트북을 고칠 수 있어.
He can find it.	그는 그것을 찾을 수 있어.
I can't drink coffee.	나는 커피를 마실 수 없어.
I can't use my phone.	나는 내 전화기를 쓸 수 없어.
I can't fix it.	나는 그것을 고칠 수 없어.
You can't touch it.	너는 그것을 만지면 안 돼.
You can't bring your friend.	너는 너의 친구를 데려오면 안 돼.
We can't share our food.	우리는 우리의 음식을 나눌 수 없어.
They can't touch it.	그들은 그것을 만지면 안 돼.
She can't find her laptop.	그녀는 그녀의 노트북을 찾을 수 없어.
Can you drink coffee?	너는 커피를 마셔도 되니?
Can you share your food?	너는 너의 음식을 나눌 수 있니?
Can you fix my phone?	너는 나의 노트북을 고칠 수 있니?
Can we touch it?	우리가 그것을 만져도 되니?
Can they find it?	그들이 그것을 찾을 수 있니?
Can he fix my laptop?	그가 나의 노트북을 고칠 수 있니?

STEP 2 1초 만에 우리말로 해석하기

QR코드를 찍어 아래의 영어 문장들을 쭉 들으며 1초 만에 우리말로 해석하고, 말하면서 박스(□)에 체크 표시를 해 나가세요.(우리말 해설 정답은 **p. 70~71** 참고)

꼭 명심해 주세요

1. 반드시 "소리 내어" 말하세요. **(ex)** "I drink"를 듣고 "나는 마셔"라고 소리 내어 말할 것!
2. 쉼 없이 스피디하게 쭉~ 말하면서 진행해야 효과가 좋습니다.
3. 많이 말하면 말할수록 영문의 뜻이 머릿속에 새겨진다는 걸 꼭 기억하세요.

- □ **I can drink** coffee.
- □ **I can share** my coffee.
- □ **I can share** my food.
- □ **I can bring** my friend.
- □ **I can bring** it.
- □ **I can find** it.
- □ **I can find** your phone.
- □ **I can find** your laptop.
- □ **I can fix** your laptop.
- □ **I can fix** your phone.
- □ **I can fix** it.
- □ **I can use** it.

- □ **You can drink** coffee.
- □ **You can drink** my coffee.
- □ **You can drink** it.
- □ **You can bring** your friend.
- □ **You can bring** your laptop.
- □ **You can bring** your food.
- □ **You can bring** it.
- □ **You can use** it.
- □ **You can use** my laptop.
- □ **You can use** my phone.
- □ **You can share** your food.
- □ **You can touch** it.

- ☐ **We can drink** coffee.
- ☐ **We can share** our food.
- ☐ **We can fix** your laptop.
- ☐ **We can find** your phone.
- ☐ **We can find** it.
- ☐ **They can drink** coffee.
- ☐ **They can bring** their friends.
- ☐ **They can use** my laptop.
- ☐ **They can fix** your phone.
- ☐ **They can share** their food.
- ☐ **He can bring** his friend.
- ☐ **He can fix** your phone.
- ☐ **He can use** it.
- ☐ **He can fix** it.
- ☐ **He can fix** my laptop.
- ☐ **She can drink** coffee.
- ☐ **She can bring** her friend.
- ☐ **She can bring** it.
- ☐ **She can find** it.
- ☐ **She can use** it.

- ☐ **I can't drink** coffee.
- ☐ **I can't use** my phone.
- ☐ **I can't fix** it.
- ☐ **I can't find** my laptop.
- ☐ **You can't touch** it.
- ☐ **You can't bring** your friend.
- ☐ **You can't use** it.
- ☐ **We can't share** our food.
- ☐ **They can't touch** it.
- ☐ **She can't find** her laptop.
- ☐ **Can I drink** coffee?
- ☐ **Can I bring** my friend?
- ☐ **Can I share** my food?
- ☐ **Can you drink** coffee?
- ☐ **Can you share** your food?
- ☐ **Can you fix** my phone?
- ☐ **Can we touch** it?
- ☐ **Can we bring** our friends?
- ☐ **Can they find** it?
- ☐ **Can he fix** my phone?

STEP 3 · 1초 만에 영어로 말하기

음원_024

이번엔 **QR** 코드를 찍어 우리말 문장들을 듣고 읽으면서 **1초** 만에 다시 영작해서 말하고, 말하면서 박스(□)에 체크 표시를 해 나가세요. (영작 정답은 **P. 68~69** 참고)

🎯 꼭 명심해 주세요

1. 반드시 "소리 내어" 말하세요. **(ex)** "나는 마셔"를 보고 "**I drink**"라고 소리 내어 말할 것!
2. 쉼 없이 스피디하게 쭉~ 말하면서 진행해야 효과가 좋습니다.
3. 많이 말하면 말할수록 영어 입 근육이 만들어진다는 걸 꼭 기억하세요.

□ 나는 커피를 마실 수 있어.   □ 너는 커피를 마셔도 돼.

□ 나는 내 커피를 나눠줄 수 있어.   □ 너는 내 커피를 마셔도 돼.

□ 나는 내 음식을 나눠줄 수 있어.   □ 너는 그것을 마셔도 돼.

□ 나는 내 친구를 데려올 수 있어.   □ 너는 너의 친구를 데려와도 돼.

□ 나는 그것을 가져올 수 있어.   □ 너는 너의 노트북을 가져와도 돼.

□ 나는 그것을 찾을 수 있어.   □ 너는 너의 음식을 가져와도 돼.

□ 나는 너의 전화기를 찾을 수 있어.   □ 너는 그것을 가져와도 돼.

□ 나는 너의 노트북을 찾을 수 있어.   □ 너는 그것을 사용해야 돼.

□ 나는 너의 노트북을 고칠 수 있어.   □ 너는 나의 노트북을 사용해도 돼.

□ 나는 너의 전화기를 고칠 수 있어.   □ 너는 나의 전화기를 사용해도 돼.

□ 나는 그것을 고칠 수 있어.   □ 너는 너의 음식을 나눠줘도 돼.

□ 나는 그것을 사용할 수 있어.   □ 너는 그것을 만져도 돼.

- ☐ 우리는 커피를 마실 수 있어.
- ☐ 우리는 우리의 음식을 나눠줄 수 있어.
- ☐ 우리는 너의 노트북을 고칠 수 있어.
- ☐ 우리는 너의 전화기를 찾아줄 수 있어.
- ☐ 우리는 그것을 찾을 수 있어.
- ☐ 그들은 커피를 마셔도 돼.
- ☐ 그들은 그들의 친구들을 데려와도 돼.
- ☐ 그들은 내 노트북을 사용해도 돼.
- ☐ 그들은 너의 전화기를 고쳐줄 수 있어.
- ☐ 그들은 그들의 음식을 나눠줘도 돼.
- ☐ 그는 그의 친구를 데려와도 돼.
- ☐ 그는 너의 전화기를 고쳐줄 수 있어.
- ☐ 그는 그것을 사용해도 돼.
- ☐ 그는 그것을 고칠 수 있어.
- ☐ 그는 나의 노트북을 고쳐줄 수 있어.
- ☐ 그녀는 커피를 마셔도 돼.
- ☐ 그녀는 그녀의 친구를 데려와도 돼.
- ☐ 그녀는 그것을 가져와도 돼.
- ☐ 그녀는 그것을 찾을 수 있어.
- ☐ 그녀는 그것을 사용해도 돼.

- ☐ 나는 커피를 마실 수 없어.
- ☐ 나는 내 전화기를 쓸 수 없어.
- ☐ 나는 그것을 고칠 수 없어.
- ☐ 나는 나의 노트북을 찾을 수 없어.
- ☐ 너는 그것을 만지면 안 돼.
- ☐ 너는 너의 친구를 데려오면 안 돼.
- ☐ 너는 그것을 사용하면 안 돼.
- ☐ 우리는 우리의 음식을 나눌 수 없어.
- ☐ 그들은 그것을 만지면 안 돼.
- ☐ 그녀는 그녀의 노트북을 찾을 수 없어.
- ☐ 제가 커피를 마셔도 되나요?
- ☐ 제가 친구를 데려와도 되나요?
- ☐ 제가 저의 음식을 나눠도 되나요?
- ☐ 너는 커피를 마셔도 되니?
- ☐ 너는 너의 음식을 나눌 수 있니?
- ☐ 너는 나의 노트북을 고칠 수 있니?
- ☐ 우리가 그것을 만져도 되니?
- ☐ 우리가 우리의 친구들을 데려와도 되나요?
- ☐ 그들이 그것을 찾을 수 있니?
- ☐ 그가 나의 전화기를 고칠 수 있니?

STEP 4 확장해서 길~게 말하기

이번엔 앞서 배운 문장들을 좀 더 길게 확장해서 말하는 연습을 해 봅시다. QR코드를 찍어 영어 문장들을 듣고 따라 말하며 박스(□)에 체크 표시도 해 나가세요.

문장 확장 팁

앞서 배운 'and, but, so'를 활용하여 'I can/can't ~' 문장 구조로 길게 말하는 연습을 해 봅시다. 참고로 **and**는 문장과 문장뿐 아니라 단어와 단어를 연결하여 'A와 B'라고 말할 때에도 유용하게 쓸 수 있습니다.

☐	I can share my food **and** drinks.	나는 내 음식**과** 음료를 나눌 수 있어.
☐	I can bring my food **and** drinks.	나는 내 음식**과** 음료를 가져올 수 있어.
☐	I can fix your laptop **and** phone.	나는 너의 노트북**과** 전화기를 고칠 수 있어.
☐	I can use it, **so** I can touch it.	나는 그걸 쓸 수 있으니**까**, 그걸 만져도 돼.
☐	I can fix it, **so** you can use it.	난 그걸 고칠 수 있으니**까**, 넌 그걸 쓸 수 있어.
☐	I can't use it, **so** I can't touch it.	나는 그걸 쓸 수 없으니**까**, 그걸 만지면 안 돼.
☐	You can share my food **and** drinks.	너는 나의 음식**과** 음료를 나눠 먹을 수 있어.
☐	You can use my phone **and** laptop.	너는 내 전화기**와** 노트북을 사용할 수 있어.
☐	You can use it, **so** you can touch it.	너는 그걸 쓸 수 있으니**까**, 그걸 만져도 돼.
☐	He can bring his food **and** drinks.	그는 그의 음식**과** 음료를 가져와도 돼.
☐	He can use it **but** he can't buy it.	그는 그걸 쓸 수 있지**만** 그걸 살 수는 없어.
☐	She likes it, **but** she can't buy it.	그녀는 그걸 좋아하지**만**, 그걸 살 수는 없어.
☐	She loves it, **so** she will buy it.	그녀는 이걸 사랑해**서**, 이걸 살 거야.
☐	She can fix your laptop **and** phone.	그녀는 너의 노트북**과** 전화기를 고칠 수 있어.

⚡ 1초 만에 빠르게 — 우리말로 해석하기

앞서 말해 봤던 긴 영어 문장들을 1초 만에 빠르게 우리말로 해석해서 말해 보세요.

☐	I can share my food **and** drinks.	☐	You can use my phone **and** laptop.
☐	I can bring my food **and** drinks.	☐	You can use it, **so** you can touch it.
☐	I can fix your laptop **and** phone.	☐	He can bring his food **and** drinks.
☐	I can use it, **so** I can touch it.	☐	He can use it **but** he can't buy it.
☐	I can fix it, **so** you can use it.	☐	She likes it, **but** she can't buy it.
☐	I can't use it, **so** I can't touch it.	☐	She loves it, **so** she will buy it.
☐	You can share my food **and** drinks.	☐	She can fix your laptop **and** phone.

⚡ 1초 만에 빠르게 — 영어로 말하기

이번엔 반대로 아래의 우리말 문장들을 1초 만에 빠르게 영어로 바꿔서 말해 보세요.

☐	나는 내 음식**과** 음료를 나눌 수 있어.	☐	너는 내 전화기**와** 노트북을 사용할 수 있어.
☐	나는 내 음식**과** 음료를 가져올 수 있어.	☐	너는 그걸 쓸 수 있으니**까**, 그걸 만져도 돼.
☐	나는 너의 노트북**과** 전화기를 고칠 수 있어.	☐	그는 그의 음식**과** 음료를 가져와도 돼.
☐	나는 그걸 쓸 수 있으니**까**, 그걸 만져도 돼.	☐	그는 그걸 쓸 수 있지**만** 그걸 살 수는 없어.
☐	난 그걸 고칠 수 있으니**까**, 넌 그걸 쓸 수 있어.	☐	그녀는 그걸 좋아하지**만**, 그걸 살 수는 없어.
☐	나는 그걸 쓸 수 없으니**까**, 그걸 만지면 안 돼.	☐	그녀는 이걸 사랑해**서**, 이걸 살 거야.
☐	너는 나의 음식**과** 음료를 나눠 먹을 수 있어.	☐	그녀는 너의 노트북**과** 전화기를 고칠 수 있어.

"Great job
on finishing Lesson 5!
Congratulations!"

기적의 말하기 기초영어법

06강

I + must drink + coffee
나는 + 마셔야 한다 + 커피를

I must drink coffee.
나는 커피를 마셔야 해.

단어연결법 익히기

시원쌤 TALK 이번 시간엔 '~한다'를 '~해야 한다'라는 뉘앙스로 바꿔 말하는 법을 배워 보겠습니다. 영어에서 '~해야 한다'라는 뉘앙스로 말하는 법은 크게 세 가지입니다. 'must, should, have to' 이 세 개의 조동사를 동사 앞에 붙여 말하면 되는데, 이 표현들 모두 우리말로는 '~해야 한다'라고만 해석되지만 이들 사이엔 미묘한 차이가 존재합니다.

단어연결법 1 : 주어+must/should/have to+동사+목적어

동사 앞에 'must/should/have to'를 붙이면 '~해야 한다'라는 뉘앙스가 됩니다. 이 셋의 차이는 'must = (꼭) ~해야 한다 / should = (부드럽게 권유하듯) ~해야 한다 / have to = (의무적으로, 정해진 대로) ~해야 한다'라고 보시면 됩니다.

🔗 단어연결법 2 주어+must/should not+동사+목적어

'must not, should not (줄여서 mustn't, shouldn't)'을 동사 앞에 붙이면 '~하면 안 된다'라는 뉘앙스가 됩니다. 'mustn't+동사'는 '(절대) ~하면 안 된다'라는 강한 느낌, 'shouldn't+동사'는 '(충고) ~하면 안 된다'라는 부드러운 느낌이라 보시면 됩니다.

주어	+	mustn't/shouldn't+동사	+	목적어
_____은·는·이·가		_____하면 안 된다		_____을·를
I 나는	+	mustn't drink 마시면 안 된다	+	coffee 커피를
You 너는	+	shouldn't skip 거르면 안 된다	+	breakfast 아침을

🔗 단어연결법 3 주어+don't/doesn't have to+동사+목적어

'have to+동사' 앞에 'don't/doesn't'를 붙여서 'don't have to+동사, doesn't have to+동사'라고 하면 '~하면 안 된다'가 아니라 '~할 필요 없다'라는 뜻이 됩니다. (참고: 명사 앞에 the를 붙이면 '(특정한) 그'라고 콕 집어 말하는 표현이 됩니다. (ex) the bill = 그 청구서)

주어	+	don't/doesn't have to+동사	+	목적어
_____은·는·이·가		_____할 필요 없다		_____을·를
You 너는	+	don't have to drink 마실 필요 없다	+	coffee 커피를
He/She 그는/그녀는	+	doesn't have to pay 계산할 필요 없다	+	the bill 그 청구서를

STEP 1 단어연결법 적용하기

🔬 1단계 단어 익히기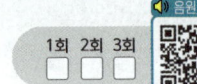

QR코드를 찍어 단어들을 듣고 따라 말하며 머릿속에 새기세요. (**3회** 반복)

money	돈	save	아끼다, 절약하다
time	시간	waste	낭비하다
rules	규칙들	skip	거르다, 건너뛰다
breakfast	아침(식사)	follow	따르다
bill	청구서	pay	계산하다, 지불하다
room	방	clean	청소하다, 치우다

🔬 2단계 단어연결법으로 문장 만들기

단어연결법으로 만든 문장들을 듣고 따라 말하고, 우리말 해석을 보며 다시 영작해 보세요. (**3회** 반복)

I **must drink** coffee.	(꼭) 나는 커피를 마셔야 해.
I **must save** money.	(꼭) 나는 돈을 아껴야 해.
I **should eat** breakfast.	(권고) 나는 아침을 먹어야 해.
I **should follow** rules.	(권고) 나는 규칙들을 따라야 해.
I **have to pay** the bill.	(의무) 나는 그 청구서를 계산해야 해.
I **have to clean** my room.	(의무) 나는 내 방을 치워야 해.

You must save money.	(꼭) 너는 돈을 아껴야 해.
We must save time.	(꼭) 우리는 시간을 아껴야 해.
He must clean his room.	(꼭) 그는 그의 방을 치워야 해.
You should clean your room.	(권고) 너는 너의 방을 치워야 해.
They should follow rules.	(권고) 그들은 규칙들을 따라야 해.
She should follow rules.	(권고) 그녀는 규칙들을 따라야 해.
You have to save money.	(의무) 너는 돈을 아껴야 해.
We have to save time.	(의무) 우리는 시간을 아껴야 해.
He has to pay the bill.	(의무) 그는 그 청구서를 계산해야 해.
She has to clean her room.	(의무) 그녀는 그녀의 방을 치워야 해.
I mustn't drink coffee.	(절대) 나는 커피를 마시면 안 돼.
You mustn't waste time.	(절대) 너는 시간을 낭비하면 안 돼.
We mustn't skip breakfast.	(절대) 우리는 아침을 거르면 안 돼.
I shouldn't drink coffee.	(충고) 나는 커피를 마시면 안 돼.
You shouldn't waste money.	(충고) 너는 돈을 낭비하면 안 돼.
He shouldn't skip breakfast.	(충고) 그는 아침을 거르면 안 돼.
I don't have to clean my room.	나는 나의 방을 치울 필요 없어.
You don't have to drink coffee.	너는 커피를 마실 필요 없어.
He doesn't have to follow rules.	그는 규칙들을 따를 필요 없어.
She doesn't have to pay the bill.	그녀는 그 청구서를 계산할 필요 없어.

STEP 2   1초 만에 우리말로 해석하기

 음원_028

QR코드를 찍어 아래의 영어 문장들을 쭉 들으며 1초 만에 우리말로 해석하고, 말하면서 박스(□)에 체크 표시를 해 나가세요.(우리말 해설 정답은 p. 82~83 참고)

꼭 명심해 주세요

1. 반드시 "소리 내어" 말하세요. **(ex)** "I drink"를 듣고 "나는 마셔"라고 소리 내어 말할 것!
2. 쉼 없이 스피디하게 쭉~ 말하면서 진행해야 효과가 좋습니다.
3. 많이 말하면 말할수록 영문의 뜻이 머릿속에 새겨진다는 걸 꼭 기억하세요.

- □ **I must drink** coffee.
- □ **I must save** money.
- □ **I must save** time.
- □ **I must follow** rules.
- □ **I must eat** breakfast.
- □ **I must pay** the bill.
- □ **I must clean** my room.
- □ **I should drink** coffee.
- □ **I should save** money.
- □ **I should save** time.
- □ **I should eat** breakfast.
- □ **I should pay** the bill.

- □ **I should clean** my room.
- □ **I should follow** rules.
- □ **I have to drink** coffee.
- □ **I have to save** money.
- □ **I have to save** time.
- □ **I have to follow** rules.
- □ **I have to eat** breakfast.
- □ **I have to pay** the bill.
- □ **I have to clean** my room.
- □ **I have to drink** it.
- □ **I have to follow** it.
- □ **I have to save** it.

- ☐ **You must save** money.
- ☐ **You must follow** rules.
- ☐ **We must save** time.
- ☐ **We must pay** the bill.
- ☐ **He must clean** his room.
- ☐ **She must clean** her room.
- ☐ **You should clean** your room.
- ☐ **You should save** money.
- ☐ **They should follow** rules.
- ☐ **They should save** time.
- ☐ **She should follow** rules.
- ☐ **He should eat** breakfast.
- ☐ **You have to save** money.
- ☐ **You have to clean** your room.
- ☐ **We have to save** time.
- ☐ **We have to follow** rules.
- ☐ **He has to pay** the bill.
- ☐ **He has to save** money.
- ☐ **She has to clean** her room.
- ☐ **She has to save** time.

- ☐ **I mustn't drink** coffee.
- ☐ **I mustn't skip** breakfast.
- ☐ **You mustn't waste** time.
- ☐ **You mustn't waste** money.
- ☐ **We mustn't skip** breakfast.
- ☐ **We mustn't drink** coffee.
- ☐ **I shouldn't drink** coffee.
- ☐ **I shouldn't skip** breakfast.
- ☐ **You shouldn't waste** money.
- ☐ **You shouldn't waste** time.
- ☐ **He shouldn't skip** breakfast.
- ☐ **She shouldn't drink** coffee.
- ☐ **I don't have to clean** my room.
- ☐ **I don't have to pay** the bill.
- ☐ **You don't have to drink** coffee.
- ☐ **You don't have to eat** breakfast.
- ☐ **He doesn't have to follow** rules.
- ☐ **He doesn't have to clean** his room.
- ☐ **She doesn't have to pay** the bill.
- ☐ **She doesn't have to follow** it.

STEP 3 · 1초 만에 영어로 말하기

이번엔 QR 코드를 찍어 우리말 문장들을 듣고 읽으면서 1초 만에 다시 영작해서 말하고, 말하면서 박스(□)에 체크 표시를 해 나가세요. (영작 정답은 P. 80~81 참고)

🎯 꼭 명심해 주세요

1. 반드시 "소리 내어" 말하세요. **(ex)** "나는 마셔"를 보고 "**I drink**"라고 소리 내어 말할 것!
2. 쉼 없이 스피디하게 쭉~ 말하면서 진행해야 효과가 좋습니다.
3. 많이 말하면 말할수록 영어 입 근육이 만들어진다는 걸 꼭 기억하세요.

- ☐ (꼭) 나는 커피를 마셔야 해.
- ☐ (꼭) 나는 돈을 아껴야 해.
- ☐ (꼭) 나는 시간을 아껴야 해.
- ☐ (꼭) 나는 규칙들을 따라야 해.
- ☐ (꼭) 나는 아침을 먹어야 해.
- ☐ (꼭) 나는 그 청구서를 계산해야 해.
- ☐ (꼭) 나는 나의 방을 치워야 해.
- ☐ (권유) 나는 커피를 마셔야 해.
- ☐ (권고) 나는 돈을 아껴야 해.
- ☐ (권고) 나는 시간을 아껴야 해.
- ☐ (권고) 나는 아침을 먹어야 해.
- ☐ (권고) 나는 그 청구서를 계산해야 해.

- ☐ (권고) 나는 나의 방을 치워야 해.
- ☐ (권고) 나는 규칙들을 따라야 해.
- ☐ (의무) 나는 커피를 마셔야 해.
- ☐ (의무) 나는 돈을 아껴야 해.
- ☐ (의무) 나는 시간을 아껴야 해.
- ☐ (의무) 나는 규칙들을 따라야 해.
- ☐ (의무) 나는 아침을 먹어야 해.
- ☐ (의무) 나는 그 청구서를 계산해야 해.
- ☐ (의무) 나는 나의 방을 치워야 해.
- ☐ (의무) 나는 그것을 마셔야 해.
- ☐ (의무) 나는 그것을 따라야 해.
- ☐ (의무) 나는 그것을 아껴야 해.

☐	(꼭) 너는 돈을 아껴야 해.	☐	(절대) 나는 커피를 마시면 안 돼.
☐	(꼭) 너는 규칙을 따라야 해.	☐	(절대) 나는 아침을 거르면 안 돼.
☐	(꼭) 우리는 시간을 아껴야 해.	☐	(절대) 너는 시간을 낭비하면 안 돼.
☐	(꼭) 우리는 그 청구서를 계산해야 해.	☐	(절대) 너는 돈을 낭비하면 안 돼.
☐	(꼭) 그는 그의 방을 치워야 해.	☐	(절대) 우리는 아침을 거르면 안 돼.
☐	(꼭) 그녀는 그녀의 방을 치워야 해.	☐	(절대) 우리는 커피를 마시면 안 돼.
☐	(권고) 너는 너의 방을 치워야 해.	☐	(충고) 나는 커피를 마시면 안 돼.
☐	(권고) 너는 돈을 아껴야 해.	☐	(충고) 나는 아침을 거르면 안 돼.
☐	(권고) 그들은 규칙들을 따라야 해.	☐	(충고) 너는 돈을 낭비하면 안 돼.
☐	(권고) 그들은 시간을 아껴야 해.	☐	(충고) 너는 시간을 낭비하면 안 돼.
☐	(권고) 그녀는 규칙들을 따라야 해.	☐	(충고) 그는 아침을 거르면 안 돼.
☐	(권고) 그는 아침을 먹어야 해.	☐	(충고) 그녀는 커피를 마시면 안 돼.
☐	(의무) 너는 돈을 아껴야 해.	☐	나는 나의 방을 치울 필요 없어.
☐	(의무) 너는 너의 방을 치워야 해.	☐	나는 그 청구서를 계산할 필요 없어.
☐	(의무) 우리는 시간을 아껴야 해.	☐	너는 커피를 마실 필요 없어.
☐	(의무) 우리는 규칙을 따라야 해.	☐	너는 아침을 먹을 필요 없어.
☐	(의무) 그는 그 청구서를 계산해야 해.	☐	그는 규칙들을 따를 필요 없어.
☐	(의무) 그는 돈을 아껴야 해.	☐	그는 그의 방을 치울 필요 없어.
☐	(의무) 그녀는 그녀의 방을 치워야 해.	☐	그녀는 그 청구서를 계산할 필요 없어.
☐	(의무) 그녀는 시간을 아껴야 해.	☐	그녀는 그것을 따를 필요 없어.

STEP 4 확장해서 길~게 말하기

 음원_030

이번엔 앞서 배운 문장들을 좀 더 길게 확장해서 말하는 연습을 해 봅시다. **QR**코드를 찍어 영어 문장들을 듣고 따라 말하며 박스(□)에 체크 표시도 해 나가세요.

문장 확장 팁

'~하기 위해, ~을·를 위해'라는 말로 문장을 좀 더 길게 말하고 싶을 땐 '**to**-동사(~하기 위해), **for**+명사(~을·를 위해)'라는 표현을 덧붙여 말하면 됩니다. 그럼 6강에서 배운 문장 구조에 덧붙여 좀 더 길게 말해 볼까요?

☐ I must save money **to** pay the bill.	나는 청구서를 계산하**기 위해** 돈을 아껴야 해.
☐ I must eat breakfast **for** my health.	나는 나의 건강**을 위해** 아침을 먹어야 해.
☐ I mustn't do it **to** save time.	나는 시간을 아끼**기 위해** 그걸 하면 안 돼.
☐ I should save time **for** my work.	나는 나의 일**을 위해** 시간을 아껴야 해.
☐ I shouldn't do it **to** save money.	나는 돈을 아끼**기 위해** 그걸 하면 안 돼.
☐ I have to save money **for** the bill.	나는 청구서(계산)**를 위해** 돈을 아껴야 해.
☐ You must eat rice **for** your health.	너는 너의 건강**을 위해** 밥을 먹어야 해.
☐ You should follow it **for** the team.	너는 팀**을 위해** 그걸 따라야 해.
☐ You have to work **to** pay the bill.	너는 청구서를 계산하**기 위해** 일해야 해.
☐ You have to skip it **to** save time.	너는 시간을 아끼**기 위해** 그걸 생략해야 해.
☐ He has to eat it **for** his health.	그는 그의 건강**을 위해** 이걸 먹어야 해.
☐ He shouldn't do it **to** save money.	그는 돈을 아끼**기 위해** 그걸 하면 안 돼.
☐ She shouldn't sleep **to** save time.	그녀는 시간을 아끼**기 위해** 자면 안 돼.
☐ She has to eat rice **for** her health.	그녀는 그녀의 건강**을 위해** 밥을 먹어야 해.

1초 만에 빠르게 우리말로 해석하기

앞서 말해 봤던 긴 영어 문장들을 1초 만에 빠르게 우리말로 해석해서 말해 보세요.

☐	I must save money **to** pay the bill.	☐	You should follow it **for** the team.
☐	I must eat breakfast **for** my health.	☐	You have to work **to** pay the bill.
☐	I mustn't do it **to** save time.	☐	You have to skip it **to** save time.
☐	I should save time **for** my work.	☐	He has to eat it **for** his health.
☐	I shouldn't do it **to** save money.	☐	He shouldn't do it **to** save money.
☐	I have to save money **for** the bill.	☐	She shouldn't sleep **to** save time.
☐	You must eat rice **for** your health.	☐	She has to eat rice **for** her health.

1초 만에 빠르게 영어로 말하기

이번엔 반대로 아래의 우리말 문장들을 1초 만에 빠르게 영어로 바꿔서 말해 보세요.

☐	나는 청구서를 계산하**기 위해** 돈을 아껴야 해.	☐	너는 팀**을 위해** 그걸 따라야 해.
☐	나는 나의 건강**을 위해** 아침을 먹어야 해.	☐	너는 청구서를 계산하**기 위해** 일해야 해.
☐	나는 시간을 아끼**기 위해** 그걸 하면 안 돼.	☐	너는 시간을 아끼**기 위해** 그걸 생략해야 해.
☐	나는 나의 일**을 위해** 시간을 아껴야 해.	☐	그는 그의 건강**을 위해** 이걸 먹어야 해.
☐	나는 돈을 아끼**기 위해** 그걸 하면 안 돼.	☐	그는 돈을 아끼**기 위해** 그걸 하면 안 돼.
☐	나는 청구서(계산)**를 위해** 돈을 아껴야 해.	☐	그녀는 시간을 아끼**기 위해** 자면 안 돼.
☐	너는 너의 건강**을 위해** 밥을 먹어야 해.	☐	그녀는 그녀의 건강**을 위해** 밥을 먹어야 해.

"Great job
on finishing Lesson 6!
Congratulations!"

기적의 말하기 기초영어법

07강

| I 나는 | + | might drink 마실지도 몰라 | + | coffee 커피를 |

I might drink coffee.
나는 커피를 마실지도 몰라.

단어연결법 익히기

시원쌤 TALK 이번 시간엔 '~한다'를 '~할지도 모른다'라는 뉘앙스로 말하는 법을 배워 보겠습니다. 동사 앞에 may나 might를 붙이면 '~할지도 모른다'라는 뉘앙스가 되는데, 보통 might를 많이 씁니다. 그리고 may를 문장 맨 앞에 붙여서 'May ~?'라고 말하면 '~할지도 모르니?'가 아니라 '~해도 될까요?'라는 뜻의 '허락을 구하는 의문문'이 됩니다.

단어연결법 1 주어+might+동사+목적어

'might+동사'는 어떠한 행동을 할지 안 할지 불확실하지만[결정되진 않았지만] '그렇게 하게 될 가능성이 있다'고 말할 때 쓰는 표현입니다. (참고: 영어에선 '(불특정한) 1개/1명/1마리인 대상'을 지칭할 땐 명사 앞에 **a**를 붙입니다. *('a/e/i/o/u'로 시작하는 명사 앞엔 **an**))

단어연결법 2 — 주어+might not+동사+목적어

'might not'을 동사 앞에 붙이면 '~하지 않을지도 모른다'라는 뉘앙스가 됩니다. 'might not+동사'는 어떠한 행동을 할지 안 할지 불확실하지만[결정되진 않았지만] 그렇게 하게 되지 않을 가능성이 있다는 '부정문'을 말할 때 쓰는 표현입니다.

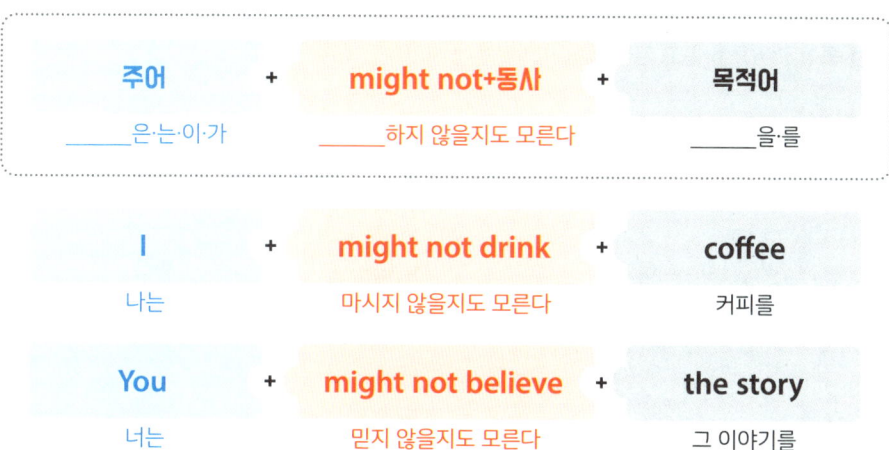

단어연결법 3 — May+I+동사+목적어?

'I+동사+(목적어)'라는 현재 시제 긍정문 앞에 **may**를 붙이면 '내가 ~할지도 모를까?'가 아니라 '제가 ~해도 될까요?'라는 뜻의 허락을 구하는 의문문이 됩니다. 특히 'May I ~?(제가 ~해도 될까요?)'는 정말 많이 쓰는 표현이니 입에 착 붙이세요.

단어연결법 적용하기

 **1단계** 단어 익히기

QR코드를 찍어 단어들을 듣고 따라 말하며 머릿속에 새기세요. (3회 반복)

trip	여행	plan	계획하다
event	행사	cancel	취소하다
story	이야기	believe	믿다
news	뉴스, 소식	know	알다
window	창문	open	열다
door	문	close	닫다

2단계 단어연결법으로 문장 만들기

단어연결법으로 만든 문장들을 듣고 따라 말하고, 우리말 해석을 보며 다시 영작해 보세요. (3회 반복)

I might drink coffee.	나는 커피를 마실지도 몰라.
I might plan a trip.	나는 여행을 계획할지도 몰라.
I might cancel the trip.	나는 그 여행을 취소할지도 몰라.
I might cancel the event.	나는 그 행사를 취소할지도 몰라.
I might believe the story.	나는 그 이야기를 믿을지도 몰라.
I might know the news.	내가 그 뉴스를 알지도 몰라.

You might know the story.	너는 그 이야기를 알지도 몰라.
You might like the news.	너는 그 소식을 좋아할지도 몰라.
We might plan a trip.	우리는 여행을 계획할지도 몰라.
We might cancel the trip.	우리는 그 여행을 취소할지도 몰라.
They might cancel the event.	그들은 그 행사를 취소할지도 몰라.
They might believe the story.	그들은 그 이야기를 믿을지도 몰라.
He might know the news.	그는 그 소식을 알지도 몰라.
I might not drink coffee.	나는 커피를 마시지 않을지도 몰라.
I might not plan an event.	나는 행사를 계획하지 않을지도 몰라.
I might not believe the story.	나는 그 이야기를 믿지 않을지도 몰라.
You might not believe that.	너는 저것을 믿지 않을지도 몰라.
You might not know that.	너는 저것을 알지 못할지도 몰라.
They might not cancel it.	그들은 그것을 취소하지 않을지도 몰라.
She might not believe this.	그녀는 이것을 믿지 않을지도 몰라.
May I drink coffee?	제가 커피를 마셔도 될까요?
May I open the window?	제가 그 창문을 열어도 될까요?
May I close the window?	제가 그 창문을 닫아도 될까요?
May I open the door?	제가 그 문을 열어도 될까요?
May I close the door?	제가 그 문을 닫아도 될까요?
May I cancel the trip?	제가 그 여행을 취소해도 될까요?

STEP 2 1초 만에 우리말로 해석하기

QR코드를 찍어 아래의 영어 문장들을 쭉 들으며 **1초 만에 우리말로 해석**하고, 말하면서 박스(□)에 체크 표시를 해 나가세요.(우리말 해설 정답은 **p. 94~95** 참고)

꼭 명심해 주세요

1. 반드시 "소리 내어" 말하세요. **(ex)** "I drink"를 듣고 "나는 마셔"라고 소리 내어 말할 것!
2. 쉼 없이 스피디하게 쭉~ 말하면서 진행해야 효과가 좋습니다.
3. 많이 말하면 말할수록 영문의 뜻이 머릿속에 새겨진다는 걸 꼭 기억하세요.

- ☐ **I might drink** coffee.
- ☐ **I might drink** it.
- ☐ **I might plan** a trip.
- ☐ **I might plan** an event.
- ☐ **I might cancel** the trip.
- ☐ **I might cancel** my trip.
- ☐ **I might cancel** the event.
- ☐ **I might cancel** our event.
- ☐ **I might cancel** it.
- ☐ **I might believe** the story.
- ☐ **I might believe** his story.
- ☐ **I might believe** her story.

- ☐ **I might believe** the news.
- ☐ **I might believe** it.
- ☐ **I might know** the story.
- ☐ **I might know** the news.
- ☐ **I might know** him.
- ☐ **I might know** her.
- ☐ **I might know** it.
- ☐ **I might open** the window.
- ☐ **I might open** the door.
- ☐ **I might open** it.
- ☐ **I might close** the window.
- ☐ **I might close** the door.

- ☐ **You might know** the story.
- ☐ **You might know** him.
- ☐ **You might like** the news.
- ☐ **You might like** the story.
- ☐ **We might plan** a trip.
- ☐ **We might cancel** the trip.
- ☐ **We might know** the story.
- ☐ **We might drink** coffee.
- ☐ **They might know** the news.
- ☐ **They might believe** the story.
- ☐ **They might plan** an event.
- ☐ **They might cancel** the event.
- ☐ **He might know** the news.
- ☐ **He might believe** the story.
- ☐ **He might plan** a trip.
- ☐ **He might cancel** his trip.
- ☐ **She might know** him.
- ☐ **She might believe** it.
- ☐ **She might plan** an event.
- ☐ **She might cancel** the event.

- ☐ **I might not drink** coffee.
- ☐ **I might not plan** an event.
- ☐ **I might not believe** the story.
- ☐ **I might not know** him.
- ☐ **You might not believe** that.
- ☐ **You might not know** that.
- ☐ **We might not know** the truth.
- ☐ **They might not cancel** it.
- ☐ **He might not know** her.
- ☐ **She might not believe** this.
- ☐ **May I drink** coffee**?**
- ☐ **May I open** the window**?**
- ☐ **May I close** the window**?**
- ☐ **May I open** the door**?**
- ☐ **May I close** the door**?**
- ☐ **May I close** it**?**
- ☐ **May I plan** a trip**?**
- ☐ **May I plan** an event**?**
- ☐ **May I cancel** the trip**?**
- ☐ **May I cancel** the event**?**

STEP 3   1초 만에 영어로 말하기

이번엔 QR 코드를 찍어 우리말 문장들을 듣고 읽으면서 1초 만에 다시 영작해서 말하고, 말하면서 박스(□)에 체크 표시를 해 나가세요. (영작 정답은 P. 92~93 참고)

🎯 꼭 명심해 주세요

1. 반드시 "소리 내어" 말하세요. (ex) "나는 마셔"를 보고 "I drink"라고 소리 내어 말할 것!
2. 쉼 없이 스피디하게 쭉~ 말하면서 진행해야 효과가 좋습니다.
3. 많이 말하면 말할수록 영어 입 근육이 만들어진다는 걸 꼭 기억하세요.

□ 나는 커피를 마실지도 몰라. □ 나는 그 뉴스를 믿을지도 몰라.

□ 나는 그것을 마실지도 몰라. □ 나는 그것을 믿을지도 몰라.

□ 나는 여행을 계획할지도 몰라. □ 내가 그 이야기를 알지도 몰라.

□ 나는 행사를 계획할지도 몰라. □ 내가 그 뉴스를 알지도 몰라.

□ 나는 그 여행을 취소할지도 몰라. □ 내가 그를 알지도 몰라.

□ 나는 나의 여행을 취소할지도 몰라. □ 내가 그녀를 알지도 몰라.

□ 나는 그 행사를 취소할지도 몰라. □ 내가 그것을 알지도 몰라.

□ 나는 우리의 행사를 취소할지도 몰라. □ 내가 창문을 열지도 몰라.

□ 나는 그것을 취소할지도 몰라. □ 내가 문을 열지도 몰라.

□ 나는 그 이야기를 믿을지도 몰라. □ 내가 그것을 열지도 몰라.

□ 나는 그의 이야기를 믿을지도 몰라. □ 내가 창문을 닫을지도 몰라.

□ 나는 그녀의 이야기를 믿을지도 몰라. □ 내가 문을 닫을지도 몰라.

- ☐ 너는 그 이야기를 알지도 몰라.
- ☐ 너는 그를 알지도 몰라.
- ☐ 너는 그 소식을 좋아할지도 몰라.
- ☐ 너는 그 이야기를 좋아할지도 몰라.
- ☐ 우리는 여행을 계획할지도 몰라.
- ☐ 우리는 그 여행을 취소할지도 몰라.
- ☐ 우리는 그 이야기를 알지도 몰라.
- ☐ 우리는 커피를 마실지도 몰라.
- ☐ 그들은 그 소식을 알지도 몰라.
- ☐ 그들은 그 이야기를 믿을지도 몰라.
- ☐ 그들은 행사를 계획할지도 몰라.
- ☐ 그들은 그 행사를 취소할지도 몰라.
- ☐ 그는 그 소식을 알지도 몰라.
- ☐ 그는 그 이야기를 믿을지도 몰라.
- ☐ 그는 여행을 계획할지도 몰라.
- ☐ 그는 그의 여행을 취소할지도 몰라.
- ☐ 그녀는 그를 알지도 몰라.
- ☐ 그녀는 그것을 믿을지도 몰라.
- ☐ 그녀는 행사를 계획할지도 몰라.
- ☐ 그녀는 그 행사를 취소할지도 몰라.

- ☐ 나는 커피를 마시지 않을지도 몰라.
- ☐ 나는 행사를 계획하지 않을지도 몰라.
- ☐ 나는 그 이야기를 믿지 않을지도 몰라.
- ☐ 나는 그를 알지 못할지도 몰라.
- ☐ 너는 저것을 믿지 않을지도 몰라.
- ☐ 너는 저것을 알지 못할지도 몰라.
- ☐ 우리는 사실을 알지 못할지도 몰라.
- ☐ 그들은 그것을 취소하지 않을지도 몰라.
- ☐ 그는 그녀를 알지 못할지도 몰라.
- ☐ 그녀는 이것을 믿지 않을지도 몰라.
- ☐ 제가 커피를 마셔도 될까요?
- ☐ 제가 그 창문을 열어도 될까요?
- ☐ 제가 그 창문을 닫아도 될까요?
- ☐ 제가 그 문을 열어도 될까요?
- ☐ 제가 그 문을 닫아도 될까요?
- ☐ 제가 그것을 닫아도 될까요?
- ☐ 제가 여행을 계획해도 될까요?
- ☐ 제가 행사를 계획해도 될까요?
- ☐ 제가 그 여행을 취소해도 될까요?
- ☐ 제가 그 행사를 취소해도 될까요?

STEP 4 확장해서 길~게 말하기

이번엔 앞서 배운 문장들을 좀 더 길게 확장해서 말하는 연습을 해 봅시다. **QR코드**를 찍어 영어 문장들을 듣고 따라 말하며 박스(□)에 체크 표시도 해 나가세요.

📢 문장 확장 팁

이번엔 7강에서 배운 '주어+might+(not)+동사+(목적어)'라는 문장 구조에 'and, but, for+명사, to-동사' 및 'due to+명사(~때문에)'라는 새로운 표현까지 덧붙여서 문장을 좀 더 길게 말하는 연습을 해 봅시다.

☐	I might go home **and** rest.	나는 집에 가**서** 쉴지도 몰라.
☐	I might meet him **and** eat lunch.	나는 그를 만나**서** 점심을 먹을지도 몰라.
☐	I know it **but** he might not know it.	나는 그걸 알지**만** 그는 알지 못할지도 몰라.
☐	I like it **but** she might not like it.	난 그걸 좋아하지**만** 그녀는 안 좋아할지도 몰라.
☐	I love it **but** he might hate it.	난 그걸 사랑하지**만** 그는 싫어할지도 몰라.
☐	I might plan a trip **for** my family.	나는 가족**을 위해** 여행을 계획할지도 몰라.
☐	I might cancel it **due to** my work.	나는 내 일 **때문에** 그걸 취소할지도 몰라.
☐	We might cancel it **due to** traffic.	우리는 교통 **때문에** 그걸 취소할지도 몰라.
☐	We might plan a party **for** him.	우리는 그**를 위해** 파티를 계획할지도 몰라.
☐	They might plan an event **for** her.	그들은 그녀**를 위해** 행사를 계획할지도 몰라.
☐	He might know it **and** believe it.	그는 그걸 알고 있**고** 그걸 믿을지도 몰라.
☐	He might plan a trip **for** his family.	그는 가족**을 위해** 여행을 계획할지도 몰라.
☐	She might believe it **and** love it.	그녀는 그걸 믿**고** 그걸 사랑할지도 몰라.
☐	She might go home **and** sleep.	그녀는 집에 가**서** 잘지도 몰라.

1초 만에 빠르게 우리말로 해석하기

앞서 말해 봤던 긴 영어 문장들을 1초 만에 빠르게 우리말로 해석해서 말해 보세요.

- ☐ I might go home **and** rest.
- ☐ I might meet him **and** eat lunch.
- ☐ I know it **but** he might not know it.
- ☐ I like it **but** she might not like it.
- ☐ I love it **but** he might hate it.
- ☐ I might plan a trip **for** my family.
- ☐ I might cancel it **due to** my work.

- ☐ We might cancel it **due to** traffic.
- ☐ We might plan a party **for** him.
- ☐ They might plan an event **for** her.
- ☐ He might know it **and** believe it.
- ☐ He might plan a trip **for** his family.
- ☐ She might believe it **and** love it.
- ☐ She might go home **and** sleep.

1초 만에 빠르게 영어로 말하기

이번엔 반대로 아래의 우리말 문장들을 1초 만에 빠르게 영어로 바꿔서 말해 보세요.

- ☐ 나는 집에 가**서** 쉴지도 몰라.
- ☐ 나는 그를 만나**서** 점심을 먹을지도 몰라.
- ☐ 나는 그걸 알지**만** 그는 알지 못할지도 몰라.
- ☐ 난 그걸 좋아하지**만** 그녀는 안 좋아할지도 몰라.
- ☐ 난 그걸 사랑하지**만** 그는 싫어할지도 몰라.
- ☐ 나는 가족**을 위해** 여행을 계획할지도 몰라.
- ☐ 나는 내 일 **때문에** 그걸 취소할지도 몰라.

- ☐ 우리는 교통 **때문에** 그걸 취소할지도 몰라.
- ☐ 우리는 그**를 위해** 파티를 계획할지도 몰라.
- ☐ 그들은 그녀**를 위해** 행사를 계획할지도 몰라.
- ☐ 그는 그걸 알고 있**고** 그걸 믿을지도 몰라.
- ☐ 그는 가족**을 위해** 여행을 계획할지도 몰라.
- ☐ 그녀는 그걸 믿**고** 그걸 사랑할지도 몰라.
- ☐ 그녀는 집에 가**서** 잘지도 몰라.

"Great job
on finishing Lesson 7!
Congratulations!"

기적의 말하기 **기초영어법**

08강

I drank coffee.
나는 커피를 마셨어.

단어연결법 익히기

시원쌤 TALK

이번 시간엔 '(과거에) ~했다'라는 뜻의 과거 시제 문장을 배워 보겠습니다. 과거 시제 문장을 말하는 법은 간단합니다. '과거 동사(동사의 과거형)'를 써서 말하면 되니까요. 영어에서 과거 동사의 형태는 보통 '동사-ed(ex: work(일하다) → worked(일했다)'와 같은데, 어떠한 동사들은 'drink(마시다) → drank(마셨다)'와 같이 형태 자체가 변합니다.

단어연결법 1   주어+과거 동사+목적어

앞서 말했듯이 과거 시제 문장은 동사 자리에 '과거 동사'를 넣어 말하면 됩니다. 그럼 이번엔 'drink(마시다) → drank(마셨다) / eat(먹다) → ate(먹었다) / enjoy(즐기다) → enjoyed(즐겼다)'라는 동사를 활용하여 과거 시제 문장을 말해 봅시다.

단어연결법 2 주어+didn't+동사+목적어

'(과거에) ~하지 않았다'라는 뜻의 '과거 시제 부정문'을 만드는 법은 매우 간단합니다. **didn't**를 동사 앞에 붙이기만 하면 되니까요. ('**did**(했다)'는 '**do**(하다)'라는 동사의 과거형이며, **didn't**는 did 뒤에 **not**을 붙여 '**did not**(줄여서 **didn't**)'과 같이 만들어진 것입니다.)

단어연결법 3 Did+주어+동사+목적어?

'주어+동사+(목적어)'라는 현재 시제 문장 맨 앞에 **did**를 붙여 말하면 '(과거에) ~했니?'라고 묻는 '과거 시제 의문문'이 됩니다. 주어가 무엇이든 상관없이 문장 맨 앞에 **did**만 붙여서 말하면 되니 정말 간단하죠?

단어연결법 적용하기

1단계 단어 익히기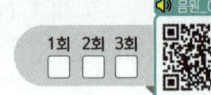

QR코드를 찍어 단어들을 듣고 따라 말하며 머릿속에 새기세요. (3회 반복)

drink-drank	마시다-마셨다	lunch	점심(식사)
plan-planned	계획하다-계획했다	party	파티
eat-ate	먹다-먹었다	vacation	휴가, 방학
enjoy-enjoyed	즐기다-즐겼다	email	이메일
send-sent	보내다-보냈다	gift	선물
tell-told	말하다-말했다	truth	사실

2단계 단어연결법으로 문장 만들기

단어연결법으로 만든 문장들을 듣고 따라 말하고, 우리말 해석을 보며 다시 영작해 보세요. (3회 반복)

I **drank** coffee.	나는 커피를 마셨어.
I **planned** a tip.	나는 여행을 계획했어.
I **ate** lunch.	나는 점심을 먹었어.
I **enjoyed** the party.	나는 파티를 즐겼어.
I **sent** an email.	나는 이메일을 보냈어.
I **told** the truth.	나는 사실을 말했어.

You **told** the truth.	너는 사실을 말했어.
We **ate** breakfast.	우리는 아침을 먹었어.
We **ate** lunch.	우리는 점심을 먹었어.
They **enjoyed** the trip.	그들은 여행을 즐겼어.
They **enjoyed** the vacation.	그들은 휴가를 즐겼어.
He **sent** an email.	그는 이메일을 보냈어.
She **sent** a gift.	그녀는 선물을 보냈어.
I **didn't drink** coffee.	나는 커피를 마시지 않았어.
I **didn't eat** breakfast.	나는 아침을 먹지 않았어.
You **didn't tell** the truth.	너는 사실을 말하지 않았어.
We **didn't enjoy** the party.	우리는 파티를 즐기지 않았어.
They **didn't eat** lunch.	그들은 점심을 먹지 않았어.
He **didn't send** an email.	그는 이메일을 보내지 않았어.
She **didn't plan** a trip.	그녀는 여행을 계획하지 않았어.
Did you **drink** coffee?	너는 커피를 마셨니?
Did you **eat** lunch?	너는 점심을 먹었니?
Did you **enjoy** the vacation?	너는 휴가를 즐겼니?
Did they **tell** the truth?	그들은 사실을 말했니?
Did he **send** an email?	그는 이메일을 보냈니?
Did she **read** an email?	그녀가 이메일을 읽었니?

STEP 2 1초 만에 우리말로 해석하기

 음원_038

QR코드를 찍어 아래의 영어 문장들을 쭉 들으며 1초 만에 우리말로 해석하고, 말하면서 박스(□)에 체크 표시를 해 나가세요.(우리말 해설 정답은 **p. 106~107** 참고)

꼭 명심해 주세요

1. 반드시 "소리 내어" 말하세요. **(ex)** "**I drink**"를 듣고 "나는 마셔"라고 소리 내어 말할 것!
2. 쉼 없이 스피디하게 쭉~ 말하면서 진행해야 효과가 좋습니다.
3. 많이 말하면 말할수록 영문의 뜻이 머릿속에 새겨진다는 걸 꼭 기억하세요.

- □ **I drank** coffee.
- □ **I drank** juice.
- □ **I planned** a trip.
- □ **I planned** an event.
- □ **I planned** a vacation.
- □ **I planned** it.
- □ **I ate** lunch.
- □ **I ate** breakfast.
- □ **I ate** bread.
- □ **I ate** it.
- □ **I enjoyed** the party.
- □ **I enjoyed** the trip.

- □ **I enjoyed** the vacation.
- □ **I enjoyed** the event.
- □ **I enjoyed** it.
- □ **I sent** an email.
- □ **I sent** a gift.
- □ **I sent** it.
- □ **I told** the truth.
- □ **I told** the news.
- □ **I told** the story.
- □ **I told** my story.
- □ **I told** his story.
- □ **I told** her story.

- **You told** the truth.
- **We ate** breakfast.
- **We ate** lunch.
- **We planned** a trip.
- **We enjoyed** the trip.
- **We sent** an email.
- **They drank** coffee.
- **They planned** the vacation.
- **They enjoyed** the vacation.
- **They told** the truth.
- **They sent** a gift.
- **He sent** an email.
- **He ate** lunch.
- **He ate** breakfast.
- **He drank** coffee.
- **She sent** a gift.
- **She planned** an event.
- **She enjoyed** the event.
- **She told** her story.
- **Siwon told** the truth.

- **I didn't drink** coffee.
- **I didn't eat** breakfast.
- **I didn't cancel** the event.
- **You didn't tell** the truth.
- **We didn't enjoy** the party.
- **They didn't eat** lunch.
- **He didn't send** an email.
- **He didn't send** a gift.
- **She didn't plan** a trip.
- **She didn't cancel** the trip.
- **Did you drink** coffee?
- **Did you eat** lunch?
- **Did you enjoy** the vacation?
- **Did they tell** the truth?
- **Did they eat** breakfast?
- **Did he send** an email?
- **Did he write** an email?
- **Did she plan** an event?
- **Did she cancel** the event?
- **Did Siwon tell** the news?

STEP 3 1초 만에 영어로 말하기

 음원_039

이번엔 **QR** 코드를 찍어 우리말 문장들을 듣고 읽으면서 **1초** 만에 다시 영작해서 말하고, 말하면서 박스(□)에 체크 표시를 해 나가세요. (영작 정답은 **P. 104~105** 참고)

🎯 꼭 명심해 주세요

1. 반드시 "소리 내어" 말하세요. **(ex)** "나는 마셔"를 보고 "**I drink**"라고 소리 내어 말할 것!
2. 쉼 없이 스피디하게 쭉~ 말하면서 진행해야 효과가 좋습니다.
3. 많이 말하면 말할수록 영어 입 근육이 만들어진다는 걸 꼭 기억하세요.

☐ 나는 커피를 마셨어.	☐ 나는 휴가를 즐겼어.
☐ 나는 주스를 마셨어.	☐ 나는 행사를 즐겼어.
☐ 나는 여행을 계획했어.	☐ 나는 그것을 즐겼어.
☐ 나는 행사를 계획했어.	☐ 나는 이메일을 보냈어.
☐ 나는 휴가를 계획했어.	☐ 나는 선물을 보냈어.
☐ 내가 그것을 계획했어.	☐ 내가 그것을 보냈어.
☐ 나는 점심을 먹었어.	☐ 나는 사실을 말했어.
☐ 나는 아침을 먹었어.	☐ 나는 그 소식을 말했어.
☐ 나는 빵을 먹었어.	☐ 나는 그 이야기를 말했어.
☐ 내가 그것을 먹었어.	☐ 나는 나의 이야기를 말했어.
☐ 나는 파티를 즐겼어.	☐ 나는 그의 이야기를 말했어.
☐ 나는 여행을 즐겼어.	☐ 나는 그녀의 이야기를 말했어.

☐ 너는 사실을 말했어.	☐ 나는 커피를 마시지 않았어.
☐ 우리는 아침을 먹었어.	☐ 나는 아침을 먹지 않았어.
☐ 우리는 점심을 먹었어.	☐ 나는 행사를 취소하지 않았어.
☐ 우리는 여행을 계획했어.	☐ 너는 사실을 말하지 않았어.
☐ 우리는 여행을 즐겼어.	☐ 우리는 파티를 즐기지 않았어.
☐ 우리는 이메일을 보냈어.	☐ 그들은 점심을 먹지 않았어.
☐ 그들은 커피를 마셨어.	☐ 그는 이메일을 보내지 않았어.
☐ 그들은 휴가를 계획했어.	☐ 그는 선물을 보내지 않았어.
☐ 그들은 휴가를 즐겼어.	☐ 그녀는 여행을 계획하지 않았어.
☐ 그들은 사실을 말했어.	☐ 그녀는 여행을 취소하지 않았어.
☐ 그들은 선물을 보냈어.	☐ 너는 커피를 마셨니?
☐ 그는 이메일을 보냈어.	☐ 너는 점심을 먹었니?
☐ 그는 점심을 먹었어.	☐ 너는 휴가를 즐겼니?
☐ 그는 아침을 먹었어.	☐ 그들은 사실을 말했니?
☐ 그는 커피를 마셨어.	☐ 그들은 아침을 먹었니?
☐ 그녀는 선물을 보냈어.	☐ 그는 이메일을 보냈니?
☐ 그녀는 행사를 계획했어.	☐ 그가 이메일을 썼니?
☐ 그녀는 행사를 즐겼어.	☐ 그녀가 행사를 계획했니?
☐ 그녀는 그녀의 이야기를 말했어.	☐ 그녀가 행사를 취소했니?
☐ 시원이는 사실을 말했어.	☐ 시원이가 그 소식을 말했니?

확장해서 길~게 말하기

음원_040

이번엔 앞서 배운 문장들을 좀 더 길게 확장해서 말하는 연습을 해 봅시다. QR코드를 찍어 영어 문장들을 듣고 따라 말하며 박스(□)에 체크 표시도 해 나가세요.

> **문장 확장 팁**
>
> 이번엔 앞서 배운 과거 시제 문장에 'before(~전에)/after(~후에)/with(~와 함께)/to(~에게)+명사' 및 다양한 과거 시간 표현들(this morning, yesterday, last night, last week)'을 덧붙여서 문장을 길게 말해 봅시다.

	영어	한국어
□	I drank coffee **and** ate bread.	나는 커피를 마시**고** 빵을 먹었어.
□	I drank coffee **before** breakfast.	나는 아침식사 **전에** 커피를 마셨어.
□	I ate dinner **after** work.	나는 업무[퇴근] **후에** 저녁을 먹었어.
□	I ate lunch **with** my friend.	나는 내 친구**와 함께** 점심을 먹었어.
□	I sent a gift **to** my friend.	나는 내 친구**에게** 선물을 보냈어.
□	I sent an email **this morning**.	나는 **오늘 아침에** 이메일을 보냈어.
□	He sent an email **yesterday**.	그는 **어제** 이메일을 보냈어.
□	He didn't send it **last night**.	그는 **어젯밤에** 그걸 보내지 않았어.
□	We enjoyed the trip **last week**.	우리는 **지난주에** 여행을 즐겼어.
□	We didn't eat lunch **with** him.	우리는 그**와 함께** 점심을 먹지 않았어.
□	She enjoyed the party **after** work.	그녀는 업무[퇴근] **후에** 파티를 즐겼어.
□	She didn't send a gift **to** me.	그녀는 나**에게** 선물을 보내지 않았어.
□	They planned a party **for** me.	그들은 나**를 위해** 파티를 계획했어.
□	They didn't eat lunch **with** her.	그들은 그녀**와 함께** 점심을 먹지 않았어.

⚡ 1초 만에 빠르게 우리말로 해석하기

앞서 말해 봤던 긴 영어 문장들을 1초 만에 빠르게 우리말로 해석해서 말해 보세요.

- ☐ I drank coffee **and** ate bread.
- ☐ I drank coffee **before** breakfast.
- ☐ I ate dinner **after** work.
- ☐ I ate lunch **with** my friend.
- ☐ I sent a gift **to** my friend.
- ☐ I sent an email **this morning**.
- ☐ He sent an email **yesterday**.

- ☐ He didn't send it **last night**.
- ☐ We enjoyed the trip **last week**.
- ☐ We didn't eat lunch **with** him.
- ☐ She enjoyed the party **after** work.
- ☐ She didn't send a gift **to** me.
- ☐ They planned a party **for** me.
- ☐ They didn't eat lunch **with** her.

⚡ 1초 만에 빠르게 영어로 말하기

이번엔 반대로 아래의 우리말 문장들을 1초 만에 빠르게 영어로 바꿔서 말해 보세요.

- ☐ 나는 커피를 마시**고** 빵을 먹었어.
- ☐ 나는 아침식사 **전에** 커피를 마셨어.
- ☐ 나는 업무[퇴근] **후에** 저녁을 먹었어.
- ☐ 나는 내 친구**와 함께** 점심을 먹었어.
- ☐ 나는 내 친구**에게** 선물을 보냈어.
- ☐ 나는 **오늘 아침에** 이메일을 보냈어.
- ☐ 그는 **어제** 이메일을 보냈어.

- ☐ 그는 **어젯밤에** 그걸 보내지 않았어.
- ☐ 우리는 **지난주에** 여행을 즐겼어.
- ☐ 우리는 그**와 함께** 점심을 먹지 않았어.
- ☐ 그녀는 업무[퇴근] **후에** 파티를 즐겼어.
- ☐ 그녀는 나**에게** 선물을 보내지 않았어.
- ☐ 그들은 나**를 위해** 파티를 계획했어.
- ☐ 그들은 그녀**와 함께** 점심을 먹지 않았어.

"Great job
on finishing Lesson 8!
Congratulations!"

기적의 말하기 기초영어법

09강

I am Siwon.

나는 시원이야.

단어연결법 익히기

시원쌤 TALK
지금까지 우리는 '~한다'라는 뜻의 '일반 동사'를 활용해 말하는 연습을 해 왔습니다. 이번 시간엔 일반 동사가 아닌 'be동사'라는 것을 써서 말하는 연습을 해 보겠습니다. be동사는 '~이다'라고 해석되는 동사로서 '주어가 ~(라는 사람/것/상태)이다'라고 말할 때 쓸 수 있는 동사이며, 'am / are / is'라는 세 가지 형태로 존재합니다.

단어연결법 1   주어(I)+am+명사

주어가 'I(나)'일 땐 'am(이다)'이라는 형태의 be동사를 사용합니다. 그리고 'I am' 뒤에 명사를 넣어 말하면 '나는 ~(라는 사람)이다'라는 뜻이 되고, 'I am' 뒤 명사 자리엔 나의 이름이나 신분, 직업 등을 넣어 말할 수 있습니다.

🔗 단어연결법 2   주어+are/is+명사

주어가 'You(너), We(우리), They(그들)'이거나 2개 이상의 복수(ex: books(책들), trees(나무들))일 땐 'are(이다)'이란 be동사를 쓰고, 주어가 'He(그), She(그녀), a book(1개의 책)'과 같은 3인칭 단수일 땐 'is(이다)'란 be동사를 씁니다.

🔗 단어연결법 3   주어+be동사+not+명사

be동사와 not을 결합한 'be동사(am/are/is) not'을 주어 뒤에 붙여 말하면 '~은·는·이·가 ~이·가 아니다'라는 뜻의 부정문이 됩니다. 앞서 배웠듯이 주어가 무엇인지에 따라서 'am not, are not, is not' 중 정확히 골라서 써야 합니다.

단어연결법 적용하기

 **단어 익히기**

QR코드를 찍어 단어들을 듣고 따라 말하며 머릿속에 새기세요. (3회 반복)

student	학생	good	좋은, 훌륭한
teacher	선생님	kind	친절한
office worker	회사원	friendly	다정한, 사교적인
engineer	엔지니어	shy	수줍은, 소심한
person	(1명인) 사람	polite	공손한
people	사람들	rude	무례한

2단계 **단어연결법으로 문장 만들기**

단어연결법으로 만든 문장들을 듣고 따라 말하고, 우리말 해석을 보며 다시 영작해 보세요. (3회 반복)

I am Siwon.	나는 시원이야.
I am a student.	나는 학생이야.
I am a teacher.	나는 선생님이야.
I am an office worker.	나는 회사원이야.
I am an engineer.	나는 엔지니어야.
I am a friendly person.	나는 사교적인 사람이야.

114 기적의 말하기 기초영어법

You are a good person.	너는 좋은 사람이야.
You are a polite person.	너는 공손한 사람이야.
We are office workers.	우리는 회사원(들)이야.
They are good people.	그들은 좋은 사람들이야.
He is a teacher.	그는 선생님이야.
He is a kind person.	그는 친절한 사람이야.
She is a shy person.	그녀는 수줍은 사람이야.
She is a polite student.	그녀는 공손한 학생이야.
Siwon is a friendly person.	시원이는 사교적인 사람이야.
Rachel is a good teacher.	레이첼은 좋은 선생님이야.
I am not Siwon.	나는 시원이 아니야.
I am not a teacher.	나는 선생님이 아니야.
I am not a shy person.	나는 수줍은 사람이 아니야.
You are not a rude person.	너는 무례한 사람이 아니야.
We are not office workers.	우리는 회사원(들)이 아니야.
They are not rude people.	그들은 무례한 사람들이 아니야.
He is not an office worker.	그는 회사원이 아니야.
She is not a friendly person.	그녀는 사교적인 사람이 아니야.
Siwon is not a shy person.	시원이는 수줍은 사람이 아니야.
Rachel is not a rude student.	레이첼은 무례한 학생이 아니야.

STEP 2   1초 만에 우리말로 해석하기

QR코드를 찍어 아래의 영어 문장들을 쭉 들으며 1초 만에 우리말로 해석하고, 말하면서 박스 (□)에 체크 표시를 해 나가세요.(우리말 해설 정답은 **p. 118~119** 참고)

꼭 명심해 주세요

1. 반드시 "소리 내어" 말하세요. **(ex)** "**I drink**"를 듣고 "나는 마셔"라고 소리 내어 말할 것!
2. 쉼 없이 스피디하게 쭉~ 말하면서 진행해야 효과가 좋습니다.
3. 많이 말하면 말할수록 영문의 뜻이 머릿속에 새겨진다는 걸 꼭 기억하세요.

☐ **I am** Siwon.	☐ **I am** a shy person.
☐ **I am** Rachel.	☐ **I am** a kind person.
☐ **I am** a student.	☐ **I am** a polite person.
☐ **I am** a good student.	☐ **I am** a good person.
☐ **I am** a teacher	☐ **You are** a good person.
☐ **I am** a good teacher.	☐ **You are** a friendly person.
☐ **I am** an office worker.	☐ **You are** a polite person.
☐ **I am** an engineer.	☐ **You are** a rude person.
☐ **I am** a good engineer.	☐ **You are** a good student.
☐ **I am** a designer.	☐ **You are** a good teacher.
☐ **I am** a good designer.	☐ **You are** a good engineer.
☐ **I am** a friendly person.	☐ **You are** a good designer.

☐	**We are** office workers.	☐	**I am not** Siwon.
☐	**We are** engineers.	☐	**I am not** a teacher.
☐	**We are** designers.	☐	**I am not** an office worker.
☐	**We are** friendly people.	☐	**I am not** a shy person.
☐	**We are** good people.	☐	**I am not** a rude person.
☐	**They are** good people.	☐	**You are not** a rude person.
☐	**They are** polite people.	☐	**You are not** a rude student.
☐	**They are** rude people.	☐	**You are not** a shy person.
☐	**They are** good teachers.	☐	**We are not** office workers.
☐	**They are** good students.	☐	**We are not** engineers.
☐	**He is** a teacher.	☐	**We are not** friendly people.
☐	**He is** a good teacher.	☐	**They are not** friendly people.
☐	**He is** a shy person.	☐	**They are not** kind people.
☐	**He is** a friendly person.	☐	**They are not** good designers.
☐	**She is** an office worker.	☐	**He is not** an office worker.
☐	**She is** a polite student.	☐	**He is not** a polite person.
☐	**She is** a rude student.	☐	**She is not** a friendly person.
☐	**She is** a kind person.	☐	**She is not** a good teacher.
☐	**Siwon is** a friendly person.	☐	**Siwon is not** a shy person.
☐	**Rachel is** a good teacher.	☐	**Rachel is not** a rude student.

STEP 3 1초 만에 영어로 말하기

 이번엔 QR 코드를 찍어 우리말 문장들을 듣고 읽으면서 1초 만에 다시 영작해서 말하고, 말하면서 박스(□)에 체크 표시를 해 나가세요. (영작 정답은 P. 116~117 참고)

🎯 꼭 명심해 주세요

1. 반드시 "소리 내어" 말하세요. (ex) "나는 마셔"를 보고 "I drink"라고 소리 내어 말할 것!
2. 쉼 없이 스피디하게 쭉~ 말하면서 진행해야 효과가 좋습니다.
3. 많이 말하면 말할수록 영어 입 근육이 만들어진다는 걸 꼭 기억하세요.

□ 나는 시원이야.	□ 나는 수줍은 사람이야.
□ 나는 레이첼이야.	□ 나는 친절한 사람이야.
□ 나는 학생이야.	□ 나는 공손한 사람이야.
□ 나는 좋은 학생이야.	□ 나는 좋은 사람이야.
□ 나는 선생님이야.	□ 너는 좋은 사람이야.
□ 나는 좋은 선생님이야.	□ 너는 사교적인 사람이야.
□ 나는 회사원이야.	□ 너는 공손한 사람이야.
□ 나는 엔지니어야.	□ 너는 무례한 사람이야.
□ 나는 좋은 엔지니어야.	□ 너는 좋은 학생이야.
□ 나는 디자이너야.	□ 너는 좋은 선생님이야.
□ 나는 좋은 디자이너야.	□ 너는 좋은 엔지니어야.
□ 나는 사교적인 사람이야.	□ 너는 좋은 디자이너야.

- ☐ 우리는 회사원이야.
- ☐ 우리는 엔지니어야.
- ☐ 우리는 디자이너야.
- ☐ 우리는 사교적인 사람들이야.
- ☐ 우리는 좋은 사람들이야.
- ☐ 그들은 좋은 사람들이야.
- ☐ 그들은 공손한 사람들이야.
- ☐ 그들은 무례한 사람들이야.
- ☐ 그들은 좋은 선생님들이야.
- ☐ 그들은 좋은 학생들이야.
- ☐ 그는 선생님이야.
- ☐ 그는 좋은 선생님이야.
- ☐ 그는 수줍은 사람이야.
- ☐ 그는 사교적인 사람이야.
- ☐ 그녀는 회사원이야.
- ☐ 그녀는 공손한 학생이야.
- ☐ 그녀는 무례한 학생이야.
- ☐ 그녀는 친절한 사람이야.
- ☐ 시원이는 사교적인 사람이야.
- ☐ 레이첼은 좋은 선생님이야.

- ☐ 나는 시원이 아니야.
- ☐ 나는 선생님이 아니야.
- ☐ 나는 회사원이 아니야.
- ☐ 나는 수줍은 사람이 아니야.
- ☐ 나는 무례한 사람이 아니야.
- ☐ 너는 무례한 사람이 아니야.
- ☐ 너는 무례한 학생이 아니야.
- ☐ 너는 수줍은 사람이 아니야.
- ☐ 우리는 회사원이 아니야.
- ☐ 우리는 엔지니어가 아니야.
- ☐ 우리는 사교적인 사람들이 아니야.
- ☐ 그들은 사교적인 사람들이 아니야.
- ☐ 그들은 친절한 사람들이 아니야.
- ☐ 그들은 좋은 디자이너들이 아니야.
- ☐ 그는 회사원이 아니야.
- ☐ 그는 공손한 사람이 아니야.
- ☐ 그녀는 사교적인 사람이 아니야.
- ☐ 그녀는 좋은 선생님이 아니야.
- ☐ 시원이는 수줍은 사람이 아니야.
- ☐ 레이첼은 무례한 학생이 아니야.

확장해서 길~게 말하기

이번엔 앞서 배운 문장들을 좀 더 길게 확장해서 말하는 연습을 해 봅시다. **QR**코드를 찍어 영어 문장들을 듣고 따라 말하며 박스(□)에 체크 표시도 해 나가세요.

문장 확장 팁

이번엔 **be**동사가 들어간 문장 구조(주어+am/are/is+명사)에 지금까지 배운 다양한 전치사 및 접속사(**and, so** 등등), 그리고 '**because**+문장(~때문에)'이라는 새로운 표현까지 덧붙여서 길게 말하는 연습을 해 봅시다.

□	I am Siwon **and** I am a teacher.	나는 시원이**고** 나는 선생님이야.
□	I am a friendly **and** kind person.	나는 사교적이**고** 친절한 사람이야.
□	He is a polite **and** friendly person.	그는 공손하**고** 사교적인 사람이야.
□	She is a shy **and** kind person.	그녀는 수줍**고** 친절한 사람이야.
□	They are kind **and** polite people.	그들은 친절하**고** 공손한 사람들이야.
□	He is friendly, **so** I like him.	그는 사교적이어**서**, 나는 그를 좋아해.
□	He is rude, **so** we don't like him.	그는 무례해**서**, 우리는 그를 좋아하지 않아.
□	They are kind, **so** I like them.	그들은 친절해**서**, 나는 그들을 좋아해.
□	She is rude, **so** I don't like her.	그녀는 무례해**서**, 나는 그녀를 좋아하지 않아.
□	I like her **because** she is kind.	그녀가 친절하기 **때문에** 나는 그녀를 좋아해.
□	I hate him **because** he is rude.	그가 무례하기 **때문에** 나는 그를 싫어해.
□	He likes me **because** I'm polite.	내가 공손하기 **때문에** 그는 나를 좋아해.
□	She likes me **because** I'm friendly.	내가 사교적이기 **때문에** 그녀는 나를 좋아해.
□	They like me **because** I'm kind.	내가 친절하기 **때문에** 그들은 나를 좋아해.

1초 만에 빠르게 — 우리말로 해석하기

앞서 말해 봤던 긴 영어 문장들을 1초 만에 빠르게 우리말로 해석해서 말해 보세요.

- ☐ I am Siwon **and** I am a teacher.
- ☐ I am a friendly **and** kind person.
- ☐ He is a polite **and** friendly person.
- ☐ She is a shy **and** kind person.
- ☐ They are kind **and** polite people.
- ☐ He is friendly, **so** I like him.
- ☐ He is rude, **so** we don't like him.

- ☐ They are kind, **so** I like them.
- ☐ She is rude, **so** I don't like her.
- ☐ I like her **because** she is kind.
- ☐ I hate him **because** he is rude.
- ☐ He likes me **because** I'm polite.
- ☐ She likes me **because** I'm friendly.
- ☐ They like me **because** I'm kind.

1초 만에 빠르게 — 영어로 말하기

이번엔 반대로 아래의 우리말 문장들을 1초 만에 빠르게 영어로 바꿔서 말해 보세요.

- ☐ 나는 시원이**고** 나는 선생님이야.
- ☐ 나는 사교적이**고** 친절한 사람이야.
- ☐ 그는 공손하**고** 사교적인 사람이야.
- ☐ 그녀는 수줍**고** 친절한 사람이야.
- ☐ 그들은 친절하**고** 공손한 사람들이야.
- ☐ 그는 사교적이어**서**, 나는 그를 좋아해.
- ☐ 그는 무례해**서**, 우리는 그를 좋아하지 않아.

- ☐ 그들은 친절해**서**, 나는 그들을 좋아해.
- ☐ 그녀는 무례해**서**, 나는 그녀를 좋아하지 않아.
- ☐ 그녀가 친절하기 **때문에** 나는 그녀를 좋아해.
- ☐ 그가 무례하기 **때문에** 나는 그를 싫어해.
- ☐ 내가 공손하기 **때문에** 그는 나를 좋아해.
- ☐ 내가 사교적이기 **때문에** 그녀는 나를 좋아해.
- ☐ 내가 친절하기 **때문에** 그들은 나를 좋아해.

"Great job
on finishing Lesson 9!
Congratulations!"

기적의 말하기 기초영어법

10강

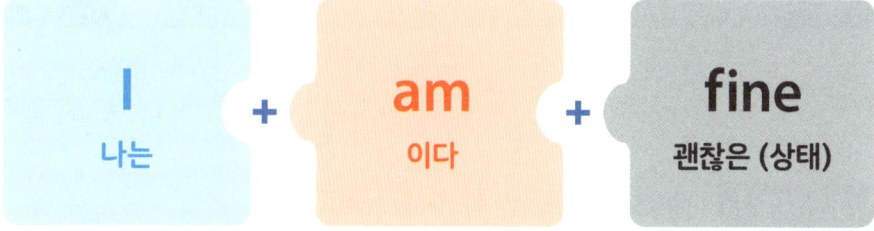

I 나는 + am 이다 + fine 괜찮은 (상태)

I am fine.
나는 괜찮아.

단어연결법 익히기

시원쌤 TALK 9강에서 우린 '~이다'라는 뜻의 'be동사(am, are, is)'를 써서 '주어가 ~(한 사람/것)이다'라고 말하는 연습을 했습니다. 이번 시간엔 be동사를 써서 '주어가 ~(한 상태/특징)이다'라고 말하는 연습을 해 보겠습니다. 방법은 간단합니다. be동사 뒤에 주어의 상태나 특징을 나타내는 다양한 '형용사'를 넣어 말하기만 하면 되니까요.

단어연결법 1 주어+be동사+형용사(상태)

'주어+be동사+형용사'에서 형용사 자리에 'fine(괜찮은), sick(아픈), happy(행복한)'과 같은 형용사를 넣어 말하면 주어의 상태를 묘사할 수 있습니다. ('I am, You/We/They are, He/She is'는 'I'm, You're, We're, They're, He's, She's'로 줄여 말할 수 있습니다.)

단어연결법 2   주어+be동사+형용사(특징)

'주어+**be**동사+형용사'라는 문형에서 형용사 자리에 '**tall**(키가 큰), **outgoing**(외향적인)'과 같이 어떠한 대상의 특징을 묘사하는 형용사를 넣어 말하면 주어가 어떠한 외모나 외관, 성격 등을 갖고 있는지 말할 수 있습니다.

단어연결법 3   주어+be동사+not+형용사

'주어가 ~(한 상태/특징)이 아니다'라는 뜻의 부정문을 말할 땐 주어 뒤에 '**be**동사+**not**'을 붙인 뒤 다양한 형용사를 넣어 말하면 됩니다. 앞서 배웠듯 주어가 무엇인지에 따라 '**am not, are not, is not**' 중 적절한 형태를 골라서 말해야 한다는 것, 기억하시죠?

단어연결법 적용하기

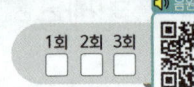

1단계 단어 익히기

QR코드를 찍어 단어들을 듣고 따라 말하며 머릿속에 새기세요. (3회 반복)

fine	괜찮은, 좋은	tall	키가 큰, 긴
sick	아픈	short	키가 작은, 짧은
happy	행복한	slim	날씬한
sad	슬픈	muscular	근육질인
busy	바쁜	outgoing	외향적인
tired	피곤한	reserved	내성적인

2단계 단어연결법으로 문장 만들기

단어연결법으로 만든 문장들을 듣고 따라 말하고, 우리말 해석을 보며 다시 영작해 보세요. (3회 반복)

I'm fine.	나는 괜찮은 (상태)야.	I'm tall.	나는 키가 큰 (외모)야.
I'm sick.	나는 아픈 (상태)야.	I'm short.	나는 키가 작아.
I'm happy.	나는 행복한 (상태)야.	I'm slim.	나는 날씬한 (외모)야.
I'm sad.	나는 슬픈 (상태)야.	I'm muscular.	나는 근육질이야.
I'm busy.	나는 바쁜 (상태)야.	I'm outgoing.	나는 외향적이야.
I'm tired.	나는 피곤한 (상태)야.	I'm reserved.	나는 내성적이야.

You're muscular.	너는 근육질이야.
You're outgoing.	너는 외향적이야.
We're fine.	우리는 괜찮은 (상태)야.
They're happy.	그들은 행복한 (상태)야.
He's tall.	그는 키가 큰 (외모)야.
He's busy.	그는 바쁜 (상태)야.
He's reserved.	그는 내성적이야.
She's short.	그녀는 키가 작아.
She's tired.	그녀는 피곤한 (상태)야.
She's outgoing.	그녀는 외향적이야.
Siwon is tall.	시원이는 키가 큰 (외모)야.
Rachel is short.	레이첼은 키가 작아.
I'm not sad.	나는 슬프지 않아.
I'm not muscular.	나는 근육질이 아니야.
I'm not outgoing.	나는 외향적이지 않아.
We're not fine.	우리는 괜찮은 (상태)가 아니야.
They're not busy.	그들은 바쁜 (상태)가 아니야.
He's not happy.	그는 행복한 (상태)가 아니야.
She's not slim.	그녀는 날씬하지 않아.
Siwon is not reserved.	시원이는 내성적이지 않아.

STEP 2 · 1초 만에 우리말로 해석하기

 음원_048

QR코드를 찍어 아래의 영어 문장들을 쭉 들으며 1초 만에 우리말로 해석하고, 말하면서 박스(□)에 체크 표시를 해 나가세요.(우리말 해설 정답은 **p. 130~131** 참고)

🎯 **꼭 명심해 주세요**

1. 반드시 "소리 내어" 말하세요. **(ex)** "**I drink**"를 듣고 "나는 마셔"라고 소리 내어 말할 것!
2. 쉼 없이 스피디하게 쭉~ 말하면서 진행해야 효과가 좋습니다.
3. 많이 말하면 말할수록 영문의 뜻이 머릿속에 새겨진다는 걸 꼭 기억하세요.

□	**I'm** fine.	□	**You're** fine.
□	**I'm** sick.	□	**You're** sick.
□	**I'm** happy.	□	**You're** happy.
□	**I'm** sad.	□	**You're** sad.
□	**I'm** busy.	□	**You're** busy.
□	**I'm** tired.	□	**You're** tired.
□	**I'm** tall.	□	**You're** tall.
□	**I'm** short.	□	**You're** short.
□	**I'm** slim.	□	**You're** slim.
□	**I'm** muscular.	□	**You're** muscular.
□	**I'm** outgoing.	□	**You're** outgoing.
□	**I'm** reserved.	□	**You're** reserved.

- ☐ **We're** fine.
- ☐ **We're** happy.
- ☐ **We're** busy.
- ☐ **We're** tired.
- ☐ **We're** sick.
- ☐ **They're** happy.
- ☐ **They're** sad.
- ☐ **They're** fine.
- ☐ **They're** busy.
- ☐ **They're** tired.
- ☐ **He's** tall.
- ☐ **He's** busy.
- ☐ **He's** reserved.
- ☐ **He's** outgoing.
- ☐ **She's** short.
- ☐ **She's** tired.
- ☐ **She's** outgoing.
- ☐ **She's** sick.
- ☐ **Siwon is** tall.
- ☐ **Rachel is** short.

- ☐ **I'm not** sad.
- ☐ **I'm not** muscular.
- ☐ **I'm not** outgoing.
- ☐ **I'm not** tired.
- ☐ **You're not** short.
- ☐ **You're not** reserved.
- ☐ **You're not** muscular.
- ☐ **We're not** fine.
- ☐ **We're not** busy.
- ☐ **We're not** happy.
- ☐ **They're not** busy.
- ☐ **They're not** tall.
- ☐ **They're not** slim.
- ☐ **He's not** happy.
- ☐ **He's not** outgoing.
- ☐ **He's not** reserved.
- ☐ **She's not** slim.
- ☐ **She's not** short.
- ☐ **She's not** busy.
- ☐ **Siwon is not** reserved.

STEP 3 · 1초 만에 영어로 말하기

 음원_049

이번엔 **QR** 코드를 찍어 우리말 문장들을 듣고 읽으면서 **1초** 만에 다시 영작해서 말하고, 말하면서 박스(□)에 체크 표시를 해 나가세요. (영작 정답은 **P. 128~129** 참고)

🎯 꼭 명심해 주세요

1. 반드시 "소리 내어" 말하세요. **(ex)** "나는 마셔"를 보고 "**I drink**"라고 소리 내어 말할 것!
2. 쉼 없이 스피디하게 쭉~ 말하면서 진행해야 효과가 좋습니다.
3. 많이 말하면 말할수록 영어 입 근육이 만들어진다는 걸 꼭 기억하세요.

□	나는 괜찮은 (상태)야.	□	너는 괜찮은 (상태)야.
□	나는 아픈 (상태)야.	□	너는 아픈 (상태)야.
□	나는 행복한 (상태)야.	□	너는 행복한 (상태)야.
□	나는 슬픈 (상태)야.	□	너는 슬픈 (상태)야.
□	나는 바쁜 (상태)야.	□	너는 바쁜 (상태)야.
□	나는 피곤한 (상태)야.	□	너는 피곤한 (상태)야.
□	나는 키가 큰 (외모)야.	□	너는 키가 큰 (외모)야.
□	나는 키가 작아.	□	너는 키가 작아.
□	나는 날씬한 (외모)야.	□	너는 날씬한 (외모)야.
□	나는 근육질이야.	□	너는 근육질이야.
□	나는 외향적이야.	□	너는 외향적이야.
□	나는 내성적이야.	□	너는 내성적이야.

- ☐ 우리는 괜찮은 (상태)야.
- ☐ 우리는 행복한 (상태)야.
- ☐ 우리는 바쁜 (상태)야.
- ☐ 우리는 피곤한 (상태)야.
- ☐ 우리는 아픈 (상태)야.
- ☐ 그들은 행복한 (상태)야.
- ☐ 그들은 슬픈 (상태)야.
- ☐ 그들은 괜찮은 (상태)야.
- ☐ 그들은 바쁜 (상태)야.
- ☐ 그들은 피곤한 (상태)야.
- ☐ 그는 키가 큰 (외모)야.
- ☐ 그는 바쁜 (상태)야.
- ☐ 그는 내성적이야.
- ☐ 그는 외향적이야.
- ☐ 그녀는 키가 작아.
- ☐ 그녀는 피곤한 (상태)야.
- ☐ 그녀는 외향적이야.
- ☐ 그녀는 아픈 (상태)야.
- ☐ 시원이는 키가 큰 (외모)야.
- ☐ 레이첼은 키가 작아.

- ☐ 나는 슬프지 않아.
- ☐ 나는 근육질이 아니야.
- ☐ 나는 외향적이지 않아.
- ☐ 나는 피곤한 (상태)가 아니야.
- ☐ 너는 키가 작지 않아.
- ☐ 너는 내성적이지 않아.
- ☐ 너는 근육질이 아니야.
- ☐ 우리는 괜찮은 (상태)가 아니야.
- ☐ 우리는 바쁜 (상태)가 아니야.
- ☐ 우리는 행복한 (상태)가 아니야.
- ☐ 그들은 바쁜 (상태)가 아니야.
- ☐ 그들은 키가 크지 않아.
- ☐ 그들은 날씬하지 않아.
- ☐ 그는 행복한 (상태)가 아니야.
- ☐ 그는 외향적이지 않아.
- ☐ 그는 내성적이지 않아.
- ☐ 그녀는 날씬하지 않아.
- ☐ 그녀는 키가 작지 않아.
- ☐ 그녀는 바쁜 (상태)가 아니야.
- ☐ 시원이는 내성적이지 않아.

STEP 4 확장해서 길~게 말하기

 음원_050

이번엔 앞서 배운 문장들을 좀 더 길게 확장해서 말하는 연습을 해 봅시다. **QR코드**를 찍어 영어 문장들을 듣고 따라 말하며 박스(□)에 체크 표시도 해 나가세요.

📢 문장 확장 팁

이번엔 주어의 상태, 외모, 성격 등을 묘사할 때 쓰는 '주어+**am/are/is**+형용사'라는 문장 구조에 다양한 전치사 및 접속사(**and, but, so, because** 등등)를 덧붙여서 문장을 길게 말하는 연습을 해 봅시다.

☐ I'm friendly **and** outgoing.	나는 사교적이**고** 외향적이야.
☐ I'm happy **and** excited.	나는 신나**고** 흥분돼.
☐ I'm tall **and** muscular.	나는 키가 크**고** 근육질이야.
☐ I'm muscular **but** I'm short.	나는 근육질이지**만** 키가 작아.
☐ He's tall **but** he's not slim.	그는 키는 크지**만** 날씬하지는 않아.
☐ She's not tall **but** she's slim.	그녀는 키가 크지 않지**만** 날씬해.
☐ We're short **but** we're muscular.	우리는 키가 작지**만** 근육질이야.
☐ I'm fine, **so** I can go out.	나는 괜찮아, **그래서** 밖에 나갈 수 있어.
☐ I'm busy, **so** I can't go out.	나는 바빠, **그래서** 밖에 나갈 수 없어.
☐ He's sick, **so** he can't work.	그는 아파, **그래서** 일할 수 없어.
☐ He's tired, **so** he should rest.	그는 피곤해, **그래서** 쉬어야 해.
☐ He's not tired **because** he rested.	그는 쉬었기 **때문에** 안 피곤해.
☐ She's tired, **so** she shouldn't work.	그녀는 피곤해, **그래서** 일하면 안 돼.
☐ She's sick **because** she ate a lot.	그녀는 많이 먹었기 **때문에** 아파.

⚡ 1초 만에 빠르게   우리말로 해석하기

앞서 말해 봤던 긴 영어 문장들을 1초 만에 빠르게 우리말로 해석해서 말해 보세요.

☐	I'm friendly **and** outgoing.	☐	I'm fine, **so** I can go out.
☐	I'm happy **and** excited.	☐	I'm busy, **so** I can't go out.
☐	I'm tall **and** muscular.	☐	He's sick, **so** he can't work.
☐	I'm muscular **but** I'm short.	☐	He's tired, **so** he should rest.
☐	He's tall **but** he's not slim.	☐	He's not tired **because** he rested.
☐	She's not tall **but** she's slim.	☐	She's tired, **so** she shouldn't work.
☐	We're short **but** we're muscular.	☐	She's sick **because** she ate a lot.

⚡ 1초 만에 빠르게   영어로 말하기

이번엔 반대로 아래의 우리말 문장들을 1초 만에 빠르게 영어로 바꿔서 말해 보세요.

☐	나는 사교적이**고** 외향적이야.	☐	나는 괜찮아, **그래서** 밖에 나갈 수 있어.
☐	나는 신나**고** 흥분돼.	☐	나는 바빠, **그래서** 밖에 나갈 수 없어.
☐	나는 키가 크**고** 근육질이야.	☐	그는 아파, **그래서** 일할 수 없어.
☐	나는 근육질이지**만** 키가 작아.	☐	그는 피곤해, **그래서** 쉬어야 해.
☐	그는 키는 크지**만** 날씬하지는 않아.	☐	그는 쉬었기 **때문에** 안 피곤해.
☐	그녀는 키가 크지 않지**만** 날씬해.	☐	그녀는 피곤해, **그래서** 일하면 안 돼.
☐	우리는 키가 작지**만** 근육질이야.	☐	그녀는 많이 먹었기 **때문에** 아파.

"Great job
on finishing Lesson 10!
Congratulations!"

기적의 말하기 기초영어법

11강

I	+	am	+	in Korea
나는		있다		한국에

I am in Korea.

나는 한국에 있어.

단어연결법 익히기

시원쌤 TALK 앞서 우린 be동사를 써서 '주어가 ~(한 사람/것/상태/특징)이다'라고 말하는 법을 배웠습니다. 이번 시간엔 be동사를 써서 '주어가 ~에 있다'라고 말하는 법을 배워 보겠습니다. 방법은 간단합니다. '주어+be동사' 뒤에 '전치사+장소'를 넣어 말하면 됩니다. '전치사'라는 것은 'in(~안에), at((점을 찍듯 콕! 찍어) ~에), on(~위에)'와 같은 것들을 말합니다.

🔗 단어연결법 1 주어+be동사+전치사+장소

'주어+be동사' 뒤에 '전치사+장소'를 넣어 말하면 주어가 어디에 있는지 말할 수 있습니다. 주로 'in, at, on' 이란 전치사를 많이 쓰는데, **in**은 어떠한 공간 '안에' 있다고 할 때, **at**은 콕 집어 '어떤 지점에' 있다고 할 때, **on**은 어떠한 면 '위에' 있다고 할 때 씁니다.

단어연결법 2 — 주어+be동사+장소

주어가 어디에 있는지 말할 때, 전치사 없이 장소만 넣어서 말할 수 있는 경우도 있습니다. 바로 'here(여기에), there(거기에)'와 같은 것들인데, 이러한 표현들은 이미 그 표현 안에 '~에'라는 뜻이 포함돼 있다고 생각하시면 됩니다.

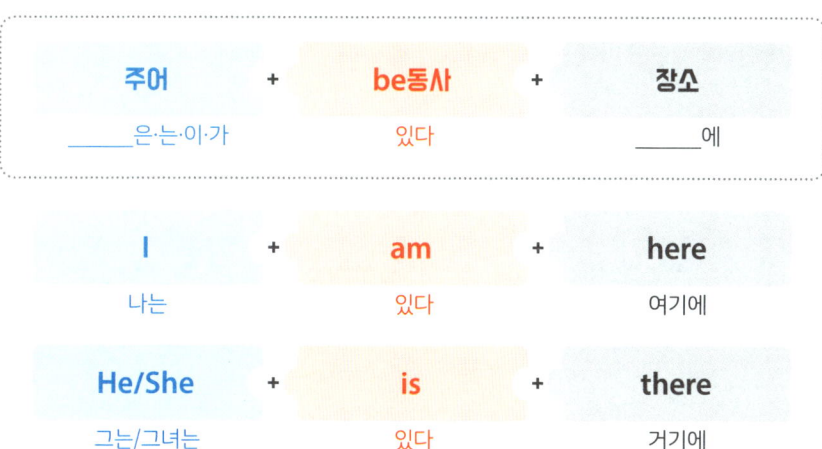

단어연결법 3 — 주어+be동사+not+(전치사)+장소

'주어가 ~에 있지 않다[~에 없다]'라는 부정문을 말할 땐 주어 뒤에 'be동사+not'을 붙인 뒤 '(전치사)+장소' 표현을 넣어서 말하면 됩니다. 앞서 배웠듯 'here, there'와 같이 전치사를 쓸 필요가 없는 장소 표현들은 말할 때 주의해야 합니다.

단어연결법 적용하기

1단계 단어 익히기

QR코드를 찍어 단어들을 듣고 따라 말하며 머릿속에 새기세요. (3회 반복)

Korea	한국	home	집
America	미국	room	방
work	일, 직장	bathroom	화장실
school	학교	bedroom	침실
subway	지하철	here	여기에
station	역	there	저기에

2단계 단어연결법으로 문장 만들기

단어연결법으로 만든 문장들을 듣고 따라 말하고, 우리말 해석을 보며 다시 영작해 보세요. (3회 반복)

I'm in Korea.	나는 한국(안)에 있어.
I'm at school.	나는 학교에 있어.
I'm on the subway.	나는 지하철(위)에 있어.
I'm in my room.	나는 내 방(안)에 있어.
I'm in the bathroom.	나는 화장실(안)에 있어.
I'm here.	나는 여기 있어.

We're in America.	우리는 미국(안)에 있어.
We're at work.	우리는 직장에 있어.
We're on the bus.	우리는 버스(위)에 있어.
They're in Korea.	그들은 한국(안)에 있어.
They're at the station.	그들은 역에 있어.
They're on the subway.	그들은 지하철(위)에 있어.
He's in the bedroom.	그는 침실(안)에 있어.
He's in his room.	그는 그의 방(안)에 있어.
She's in her room.	그녀는 그녀의 방(안)에 있어.
Siwon is at home.	시원이는 집에 있어.
Rachel is here.	레이첼은 여기 있어.
I'm not in America.	나는 미국(안)에 있지 않아.
I'm not at the station.	나는 역에 있지 않아.
I'm not on the subway.	나는 지하철(위)에 있지 않아.
We're not at school.	우리는 학교에 있지 않아.
They're not at work.	그들은 직장에 있지 않아.
He's not in the bedroom.	그는 침실(안)에 있지 않아.
She's not at home.	그녀는 집에 있지 않아.
Siwon is not there.	시원이는 거기 있지 않아.
Rachel is not here.	레이첼은 여기 있지 않아.

STEP 2 1초 만에 우리말로 해석하기

QR코드를 찍어 아래의 영어 문장들을 쭉 들으며 **1초** 만에 우리말로 해석하고, 말하면서 박스 (□)에 체크 표시를 해 나가세요.(우리말 해설 정답은 **p. 142~143** 참고)

🎯 꼭 명심해 주세요

1. 반드시 "소리 내어" 말하세요. **(ex)** "**I drink**"를 듣고 "나는 마셔"라고 소리 내어 말할 것!
2. 쉼 없이 스피디하게 쭉~ 말하면서 진행해야 효과가 좋습니다.
3. 많이 말하면 말할수록 영문의 뜻이 머릿속에 새겨진다는 걸 꼭 기억하세요.

□	**I'm** in Korea.	□	**We're** in Korea.
□	**I'm** in America.	□	**We're** in America.
□	**I'm** at work.	□	**We're** at work.
□	**I'm** at school.	□	**We're** at school.
□	**I'm** at home.	□	**We're** at home.
□	**I'm** on the subway.	□	**We're** on the subway.
□	**I'm** on the bus.	□	**We're** on the bus.
□	**I'm** in the room.	□	**We're** in the room.
□	**I'm** in my room.	□	**We're** in our room.
□	**I'm** in the bathroom.	□	**We're** in the bathroom.
□	**I'm** in the bedroom.	□	**We're** in the bedroom.
□	**I'm** here.	□	**We're** here.

- **They're** in Korea.
- **They're** in America.
- **They're** in the bedroom.
- **They're** at the station.
- **They're** at school.
- **They're** on the subway.
- **He's** in the bathroom.
- **He's** in his room.
- **He's** at work.
- **He's** at home.
- **He's** on the subway.
- **He's** on the bus.
- **She's** in her room.
- **She's** in the bedroom.
- **She's** in America.
- **She's** at school.
- **She's** at work.
- **She's** there.
- **Siwon is** at home.
- **Rachel is** here.

- **I'm not** in America.
- **I'm not** at home.
- **I'm not** at the station.
- **I'm not** on the subway.
- **I'm not** there.
- **We're not** at school.
- **We're not** in the room.
- **We're not** in Korea.
- **They're not** in America.
- **They're not** at work.
- **They're not** on the subway.
- **They're not** here.
- **He's not** in the bedroom.
- **He's not** at school.
- **He's not** there.
- **She's not** at home.
- **She's not** in her room.
- **She's not** on the bus.
- **Siwon is not** there.
- **Rachel is not** here.

STEP 3 · 1초 만에 영어로 말하기

이번엔 QR 코드를 찍어 우리말 문장들을 듣고 읽으면서 1초 만에 다시 영작해서 말하고, 말하면서 박스(□)에 체크 표시를 해 나가세요. (영작 정답은 P. 140~141 참고)

🎯 꼭 명심해 주세요

1. 반드시 "소리 내어" 말하세요. (ex) "나는 마셔"를 보고 "I drink"라고 소리 내어 말할 것!
2. 쉼 없이 스피디하게 쭉~ 말하면서 진행해야 효과가 좋습니다.
3. 많이 말하면 말할수록 영어 입 근육이 만들어진다는 걸 꼭 기억하세요.

☐ 나는 한국(안)에 있어.	☐ 우리는 한국(안)에 있어.
☐ 나는 미국(안)에 있어.	☐ 우리는 미국(안)에 있어.
☐ 나는 직장에 있어.	☐ 우리는 직장에 있어.
☐ 나는 학교에 있어.	☐ 우리는 학교에 있어.
☐ 나는 집에 있어.	☐ 우리는 집에 있어.
☐ 나는 지하철(위)에 있어.	☐ 우리는 지하철(위)에 있어.
☐ 나는 버스(위)에 있어.	☐ 우리는 버스(위)에 있어.
☐ 나는 방(안)에 있어.	☐ 우리는 방(안)에 있어.
☐ 나는 내 방(안)에 있어.	☐ 우리는 우리의 방(안)에 있어.
☐ 나는 화장실(안)에 있어.	☐ 우리는 화장실(안)에 있어.
☐ 나는 침실(안)에 있어.	☐ 우리는 침실(안)에 있어.
☐ 나는 여기 있어.	☐ 우리는 여기 있어.

☐	그들은 한국(안)에 있어.	☐	나는 미국(안)에 있지 않아.
☐	그들은 미국(안)에 있어.	☐	나는 집에 있지 않아.
☐	그들은 침실(안)에 있어.	☐	나는 역에 있지 않아.
☐	그들은 역에 있어.	☐	나는 지하철(위)에 있지 않아.
☐	그들은 학교에 있어.	☐	나는 거기에 있지 않아.
☐	그들은 지하철(위)에 있어.	☐	우리는 학교에 있지 않아.
☐	그는 화장실(안)에 있어.	☐	우리는 방(안)에 있지 않아.
☐	그는 그의 방(안)에 있어.	☐	우리는 한국(안)에 있지 않아.
☐	그는 직장에 있어.	☐	그들은 미국(안)에 있지 않아.
☐	그는 집에 있어.	☐	그들은 직장에 있지 않아.
☐	그는 지하철(위)에 있어.	☐	그들은 지하철(위)에 있지 않아.
☐	그는 버스(위)에 있어.	☐	그들은 여기에 있지 않아.
☐	그녀는 그녀의 방(안)에 있어.	☐	그는 침실(안)에 있지 않아.
☐	그녀는 침실에 있어.	☐	그는 학교에 있지 않아.
☐	그녀는 미국(안)에 있어.	☐	그는 거기에 있지 않아.
☐	그녀는 학교에 있어.	☐	그녀는 집에 있지 않아.
☐	그녀는 직장에 있어.	☐	그녀는 그녀의 방(안)에 있지 않아.
☐	그녀는 저기에 있어.	☐	그녀는 버스(위)에 있지 않아.
☐	시원이는 집에 있어.	☐	시원이는 거기 있지 않아.
☐	레이첼은 여기 있어.	☐	레이첼은 여기 있지 않아.

STEP 4 확장해서 길~게 말하기

이번엔 앞서 배운 문장들을 좀 더 길게 확장해서 말하는 연습을 해 봅시다. QR코드를 찍어 영어 문장들을 듣고 따라 말하며 박스(□)에 체크 표시도 해 나가세요.

문장 확장 팁

이번엔 '주어+am/are/is+(전치사)+장소'라는 문장 구조에 지금까지 배운 다양한 표현들(**so**(~이어서, 그래서), **with**(~와 함께), **after**(~후에), **to**-동사(~하기 위해) 등등)을 덧붙여서 문장을 길게 말하는 연습을 해 봅시다.

□ I'm in Korea, **so** I can meet you. — 나는 한국에 있어, **그래서** 널 만날 수 있어.

□ I'm at work, **so** I can't go out. — 나는 직장에 있어, **그래서** 밖에 나갈 수 없어.

□ We're on the bus, **so** we can't talk. — 우리는 버스에 있어, **그래서** 말할 수 없어.

□ We're here, **so** we can see you. — 우리는 여기에 있어, **그래서** 널 볼 수 있어.

□ He's not here, **so** I can't see him. — 그는 여기에 없어, **그래서** 난 그를 볼 수 없어.

□ He's in the library **with** his friend. — 그는 그의 친구**와 함께** 도서관에 있어.

□ He's in America **with** his family. — 그는 그의 가족**과 함께** 미국에 있어.

□ She's in her room **with** her friend. — 그녀는 그녀의 친구**와 함께** 방에 있어.

□ She's at school **with** her teacher. — 그녀는 그녀의 선생님**과 함께** 학교에 있어.

□ She's at home **after** school. — 그녀는 학교(가 끝난) **후에** 집에 있어.

□ I'm in my room **to** rest. — 나는 쉬**기 위해** 나의 방에 있어.

□ I'm here **to** see my friend. — 나는 나의 친구를 보**기 위해** 여기에 있어.

□ I'm in America **to** study English. — 나는 영어를 공부하**기 위해** 미국에 있어.

□ He's there **to** find his friend. — 그는 그의 친구를 찾**기 위해** 거기에 있어.

1초 만에 빠르게 — 우리말로 해석하기

앞서 말해 봤던 긴 영어 문장들을 **1초 만에 빠르게** 우리말로 해석해서 말해 보세요.

- ☐ I'm in Korea, **so** I can meet you.
- ☐ I'm at work, **so** I can't go out.
- ☐ We're on the bus, **so** we can't talk.
- ☐ We're here, **so** we can see you.
- ☐ He's not here, **so** I can't see him.
- ☐ He's in the library **with** his friend.
- ☐ He's in America **with** his family.

- ☐ She's in her room **with** her friend.
- ☐ She's at school **with** her teacher.
- ☐ She's at home **after** school.
- ☐ I'm in my room **to** rest.
- ☐ I'm here **to** see my friend.
- ☐ I'm in America **to** study English.
- ☐ He's there **to** find his friend.

1초 만에 빠르게 — 영어로 말하기

이번엔 반대로 아래의 우리말 문장들을 **1초 만에 빠르게** 영어로 바꿔서 말해 보세요.

- ☐ 나는 한국에 있어, **그래서** 널 만날 수 있어.
- ☐ 나는 직장에 있어, **그래서** 밖에 나갈 수 없어.
- ☐ 우리는 버스에 있어, **그래서** 말할 수 없어.
- ☐ 우리는 여기에 있어, **그래서** 널 볼 수 있어.
- ☐ 그는 여기에 없어, **그래서** 난 그를 볼 수 없어.
- ☐ 그는 그의 친구**와 함께** 도서관에 있어.
- ☐ 그는 그의 가족**과 함께** 미국에 있어.

- ☐ 그녀는 그녀의 친구**와 함께** 방에 있어.
- ☐ 그녀는 그녀의 선생님**과 함께** 학교에 있어.
- ☐ 그녀는 학교(가 끝난) **후에** 집에 있어.
- ☐ 나는 쉬**기 위해** 나의 방에 있어.
- ☐ 나는 나의 친구를 보**기 위해** 여기에 있어.
- ☐ 나는 영어를 공부하**기 위해** 미국에 있어.
- ☐ 그는 그의 친구를 찾**기 위해** 거기에 있어.

"Great job
on finishing Lesson 11!
Congratulations!"

기적의 말하기 **기초영어법**

12강

I + was + in Korea
나는 + 있었다 + 한국에

I was in Korea.
나는 한국에 있었어.

단어연결법 익히기

시원쌤 TALK 이번 시간엔 '(과거에) ~였다[이었다], 있었다'라고 말하는 법을 배워 보겠습니다. 방법은 간단합니다. be동사의 과거형을 써서 말하면 되니까요. 앞서 be동사는 'am, are, is'라는 세 가지 형태로 존재한다고 배웠습니다. 그리고 이들의 과거형은 'am, is → was / are → were'와 같습니다. 그럼 'was, were'을 활용하여 과거 시제 문장을 만들어 볼까요?

단어연결법 1 주어+was+명사·형용사·장소

was는 be동사 중 'am, is'의 과거형입니다. 따라서 주어가 'I(나)'일 때와 'He(그), She(그녀), this(이것), that(저것), a book(1개의 책)'과 같이 3인칭 단수일 때 쓸 수 있습니다. 그럼 was를 써서 주어의 '(과거의) 정체성, 상태, 장소'에 대해 말해 봅시다.

148 기적의 말하기 기초영어법

🔗 단어연결법 2   주어+were+명사·형용사·장소

were는 be동사 중 'are'의 과거형입니다. 따라서 주어가 'You(너), We(우리), They(그들)'일 때, 그리고 'people(사람들), book(책들)'과 같은 복수명사일 때 쓸 수 있습니다. 그럼 were를 써서 주어의 '(과거의) 정체성, 상태, 장소'에 대해 말해 봅시다.

🔗 단어연결법 3   주어+was/were+not+명사·형용사·장소

'(과거에) ~이·가 아니었다, ~에 없었다'라는 과거 시제 부정문을 만들 땐 be동사의 과거형인 'was, were'에 not을 붙여서 '주어+was/were not ~'이라고 말하면 됩니다. (주어가 무엇인지에 따라 'was not, were not' 중 적절한 걸 골라 써야 한다는 걸 잊지 마세요.)

STEP 1 단어연결법 적용하기

1단계 단어 익히기

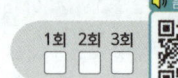

QR코드를 찍어 단어들을 듣고 따라 말하며 머릿속에 새기세요. (3회 반복)

upset	속상한	first love	첫사랑
mad	매우 화난	classmate	동급생
ready	준비된	library	도서관
excited	신난, 흥분한	office	사무실
singer	가수	gym	체육관, 헬스장
cook	요리사	airport	공항

2단계 단어연결법으로 문장 만들기

단어연결법으로 만든 문장들을 듣고 따라 말하고, 우리말 해석을 보며 다시 영작해 보세요. (3회 반복)

I was upset.	나는 속상한 (상태)였어.
I was excited.	나는 신난 (상태)였어.
I was a singer.	나는 가수였어.
I was in Korea.	나는 한국(안)에 있었어.
I was at the library.	나는 도서관에 있었어.
I was at the airport.	나는 공항에 있었어.

150 기적의 말하기 기초영어법

You were my first love.	너는 내 첫사랑이었어.
We were ready.	우리는 준비된 (상태)였어.
We were classmates.	우리는 동급생이었어.
We were at the gym.	우리는 체육관에 있었어.
They were excited.	그들은 신난 (상태)였어.
They were in the office.	그들은 사무실(안)에 있었어.
They were at the airport.	그들은 공항에 있었어.
He was mad.	그는 매우 화난 (상태)였어.
He was a cook.	그는 요리사였어.
She was my first love.	그녀는 내 첫사랑이었어.
She was at the library.	그녀는 도서관에 있었어.
I was not upset.	나는 속상한 (상태)가 아니었어.
I was not a singer.	나는 가수가 아니었어.
I was not in Korea.	나는 한국(안)에 없었어.
I was not at the gym.	나는 체육관에 없었어.
We were not classmates.	우리는 동급생이 아니었어.
They were not in the office.	그들은 사무실(안)에 없었어.
He was not my first love.	그는 내 첫사랑이 아니었어.
She was not my classmate.	그녀는 내 동급생이 아니었어.
Siwon was not at the airport.	시원이는 공항에 없었어.

STEP 2 1초 만에 우리말로 해석하기

QR코드를 찍어 아래의 영어 문장들을 쭉 들으며 1초 만에 우리말로 해석하고, 말하면서 박스(☐)에 체크 표시를 해 나가세요.(우리말 해설 정답은 p. 154~155 참고)

꼭 명심해 주세요

1. 반드시 "소리 내어" 말하세요. (ex) "I drink"를 듣고 "나는 마셔"라고 소리 내어 말할 것!
2. 쉼 없이 스피디하게 쭉~ 말하면서 진행해야 효과가 좋습니다.
3. 많이 말하면 말할수록 영문의 뜻이 머릿속에 새겨진다는 걸 꼭 기억하세요.

- ☐ I was upset.
- ☐ I was mad.
- ☐ I was ready.
- ☐ I was excited.
- ☐ I was happy.
- ☐ I was sick.
- ☐ I was busy.
- ☐ I was tired.
- ☐ I was a singer.
- ☐ I was a cook.
- ☐ I was a teacher.
- ☐ I was an office worker.

- ☐ I was an engineer.
- ☐ I was a designer.
- ☐ I was in Korea.
- ☐ I was in America.
- ☐ I was at the library.
- ☐ I was in the office.
- ☐ I was at work.
- ☐ I was at the gym.
- ☐ I was at the airport.
- ☐ I was on the subway.
- ☐ I was on the bus.
- ☐ I was there.

- ☐ **You were** my first love.
- ☐ **You were** a good singer.
- ☐ **You were** a good cook.
- ☐ **You were** a good engineer.
- ☐ **We were** ready.
- ☐ **We were** classmates.
- ☐ **We were** at the gym.
- ☐ **We were** in the office.
- ☐ **They were** excited.
- ☐ **They were** at the library.
- ☐ **They were** at the airport.
- ☐ **They were** here.
- ☐ **He was** mad.
- ☐ **He was** excited.
- ☐ **He was** a cook.
- ☐ **He was** there.
- ☐ **She was** my first love.
- ☐ **She was** my classmate.
- ☐ **She was** at the library.
- ☐ **She was** in the office.

- ☐ **I was not** upset.
- ☐ **I was not** a singer.
- ☐ **I was not** in Korea.
- ☐ **I was not** at the gym.
- ☐ **I was not** there.
- ☐ **We were not** classmates.
- ☐ **We were not** busy.
- ☐ **We were not** in America.
- ☐ **We were not** at the airport.
- ☐ **They were not** ready.
- ☐ **They were not** excited.
- ☐ **They were not** classmates.
- ☐ **They were not** in the office.
- ☐ **He was not** my first love.
- ☐ **He was not** my classmate.
- ☐ **He was not** at the gym.
- ☐ **She was not** upset.
- ☐ **She was not** a good cook.
- ☐ **She was not** in the office.
- ☐ **Siwon was not** at the airport.

STEP 3 1초 만에 영어로 말하기

이번엔 QR 코드를 찍어 우리말 문장들을 듣고 읽으면서 1초 만에 다시 영작해서 말하고, 말하면서 박스(□)에 체크 표시를 해 나가세요. (영작 정답은 P. 152~153 참고)

꼭 명심해 주세요

1. 반드시 "소리 내어" 말하세요. (ex) "나는 마셔"를 보고 "I drink"라고 소리 내어 말할 것!
2. 쉼 없이 스피디하게 쭉~ 말하면서 진행해야 효과가 좋습니다.
3. 많이 말하면 말할수록 영어 입 근육이 만들어진다는 걸 꼭 기억하세요.

- ☐ 나는 속상한 (상태)였어.
- ☐ 나는 매우 화난 (상태)였어.
- ☐ 나는 준비된 (상태)였어.
- ☐ 나는 신난 (상태)였어.
- ☐ 나는 행복한 (상태)였어.
- ☐ 나는 아픈 (상태)였어.
- ☐ 나는 바쁜 (상태)였어.
- ☐ 나는 피곤한 (상태)였어.
- ☐ 나는 가수였어.
- ☐ 나는 요리사였어.
- ☐ 나는 선생님이었어.
- ☐ 나는 회사원이었어.

- ☐ 나는 엔지니어였어.
- ☐ 나는 디자이너였어.
- ☐ 나는 한국(안)에 있었어.
- ☐ 나는 미국(안)에 있었어.
- ☐ 나는 도서관에 있었어.
- ☐ 나는 사무실(안)에 있었어.
- ☐ 나는 직장에 있었어.
- ☐ 나는 체육관에 있었어.
- ☐ 나는 공항에 있었어.
- ☐ 나는 지하철(위)에 있었어.
- ☐ 나는 버스(위)에 있었어.
- ☐ 나는 거기에 있었어.

☐ 너는 내 첫사랑이었어.	☐ 나는 속상한 (상태)가 아니었어.
☐ 너는 좋은 가수였어.	☐ 나는 가수가 아니었어.
☐ 너는 좋은 요리사였어.	☐ 나는 한국(안)에 없었어.
☐ 너는 좋은 엔지니어였어.	☐ 나는 체육관에 없었어.
☐ 우리는 준비된 (상태)였어.	☐ 나는 거기에 없었어.
☐ 우리는 동급생이었어.	☐ 우리는 동급생이 아니었어.
☐ 우리는 체육관에 있었어.	☐ 우리는 바쁜 (상태)가 아니었어.
☐ 우리는 사무실(안)에 있었어.	☐ 우리는 미국(안)에 없었어.
☐ 그들은 신난 (상태)였어.	☐ 우리는 공항에 없었어.
☐ 그들은 도서관에 있었어.	☐ 그들은 준비된 (상태)가 아니었어.
☐ 그들은 공항에 있었어.	☐ 그들은 신난 (상태)가 아니었어.
☐ 그들은 여기에 있었어.	☐ 그들은 동급생이 아니었어.
☐ 그는 매우 화난 (상태)였어.	☐ 그들은 사무실(안)에 없었어.
☐ 그는 신난 (상태)였어.	☐ 그는 내 첫사랑이 아니었어.
☐ 그는 요리사였어.	☐ 그는 나의 동급생이 아니었어.
☐ 그는 거기에 있었어.	☐ 그는 체육관에 없었어.
☐ 그녀는 내 첫사랑이었어.	☐ 그녀는 속상한 (상태)가 아니었어.
☐ 그녀는 나의 동급생이었어.	☐ 그녀는 좋은 요리사가 아니었어.
☐ 그녀는 도서관에 있었어.	☐ 그녀는 사무실(안)에 없었어.
☐ 그녀는 사무실(안)에 있었어.	☐ 시원이는 공항에 없었어.

확장해서 길~게 말하기

이번엔 앞서 배운 문장들을 좀 더 길게 확장해서 말하는 연습을 해 봅시다. QR코드를 찍어 영어 문장들을 듣고 따라 말하며 박스(□)에 체크 표시도 해 나가세요.

📢 문장 확장 팁

이번엔 앞서 배운 다양한 연결 표현들(after, before)과 더불어 'when+문장(~일 때), while+문장(~인 동안)'이라는 새로운 표현들까지 활용해서 문장을 좀 더 길게 말하는 연습을 해 봅시다.

☐ I was upset **after** the fight.	나는 싸움 **후에** 속상했어.
☐ I was excited **after** the concert.	나는 콘서트 **후에** 신이 났어.
☐ I was busy **before** the party.	나는 파티 **전에** 바빴어.
☐ I was at home **before** I met you.	나는 너를 만나기 **전에** 집에 있었어.
☐ I was happy **when** I was there.	나는 거기에 있을 **때** 행복했어.
☐ I was sad **when** you were sick.	네가 아팠을 **때** 나는 슬펐어.
☐ I was at work **when** he was there.	그가 거기에 있었을 **때** 난 직장에 있었어.
☐ He was sick **when** I was there.	내가 거기에 있을 **때** 그는 아팠어.
☐ He was a singer **when** I was 7.	내가 7살이었을 **때** 그는 가수였어.
☐ She was a cook **when** I was a kid.	내가 아이였을 **때** 그녀는 요리사였어.
☐ She was upset **when** I met her.	내가 그녀를 만났을 **때** 그녀는 속상해했어.
☐ She was busy **while** I was there.	내가 거기에 있는 **동안** 그녀는 바빴어.
☐ I was happy **while** you were here.	네가 여기에 있는 **동안** 나는 행복했어.
☐ I was sad **while** you were sick.	네가 아파하는 **동안** 나는 슬펐어.

1초 만에 빠르게 　 우리말로 해석하기

앞서 말해 봤던 긴 영어 문장들을 1초 만에 빠르게 우리말로 해석해서 말해 보세요.

☐	I was upset **after** the fight.	☐	He was sick **when** I was there.
☐	I was excited **after** the concert.	☐	He was a singer **when** I was 7.
☐	I was busy **before** the party.	☐	She was a cook **when** I was a kid.
☐	I was at home **before** I met you.	☐	She was upset **when** I met her.
☐	I was happy **when** I was there.	☐	She was busy **while** I was there.
☐	I was sad **when** you were sick.	☐	I was happy **while** you were here.
☐	I was at work **when** he was there.	☐	I was sad **while** you were sick.

1초 만에 빠르게 　 영어로 말하기

이번엔 반대로 아래의 우리말 문장들을 1초 만에 빠르게 영어로 바꿔서 말해 보세요.

☐	나는 싸움 **후에** 속상했어.	☐	내가 거기에 있을 **때** 그는 아팠어.
☐	나는 콘서트 **후에** 신이 났어.	☐	내가 7살이었을 **때** 그는 가수였어.
☐	나는 파티 **전에** 바빴어.	☐	내가 아이였을 **때** 그녀는 요리사였어.
☐	나는 너를 만나기 **전에** 집에 있었어.	☐	내가 그녀를 만났을 **때** 그녀는 속상해했어.
☐	나는 거기에 있을 **때** 행복했어.	☐	내가 거기에 있는 **동안** 그녀는 바빴어.
☐	네가 아팠을 **때** 나는 슬펐어.	☐	네가 여기에 있는 **동안** 나는 행복했어.
☐	그가 거기에 있었을 **때** 난 직장에 있었어.	☐	네가 아파하는 **동안** 나는 슬펐어.

"Great job
on finishing Lesson 12!
Congratulations!"

기적의 말하기 기초영어법

13강

I	+	will be	+	fine
나는		일 것이다		괜찮은 (상태)

I will be fine.

나는 괜찮을 거야.

단어연결법 익히기

시원쌤 TALK 이번 시간엔 be동사로 미래 시제(~이·가 될 것이다, ~에 있을 것이다) 및 다양한 뉘앙스(~인[있는] 게 틀림없다, ~이·가 되어야 한다, ~에 있어야 한다)로 말하는 법을 배워보겠습니다. 방법은 간단합니다. be동사 앞에 조동사 'will, must, should'만 붙이면 되니까요. 그리고 더 좋은 건 'am, are, is' 중 고를 필요 없이 be를 쓰면 된다는 것입니다.

🔗 단어연결법 1 주어+will be+명사·형용사·장소

'be동사(~이다, ~에 있다)'로 '~이·가 될 것이다, ~에 있을 것이다'라는 미래 시제 문장을 만들 땐 be 앞에 조동사 will을 붙여서 '주어+will be ~'라고 하면 됩니다. 주어가 무엇이든 상관없이 무조건 'will be'를 써서 말하면 되니 정말 간단하죠?

🔗 단어연결법 2 주어+must be+명사·형용사·장소

'be동사(~이다, ~에 있다)'를 '~인 게 틀림없다, ~에 있는 게 틀림없다'라는 뉘앙스로 말할 땐 be 앞에 조동사 must를 붙여서 '주어+must be ~'라고 하면 됩니다. 이 역시 주어가 무엇이든 상관없이 must be 하나만 써서 말하면 되니 정말 간단하죠?

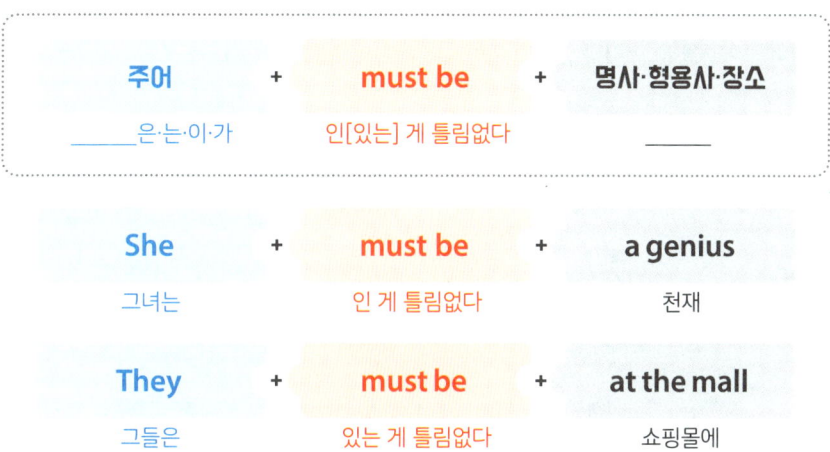

🔗 단어연결법 3 주어+should be+명사·형용사·장소

'be동사(~이다, ~에 있다)'를 '~이·가 되어야 한다, ~에 있어야 한다'라는 뉘앙스로 말할 땐 be 앞에 조동사 should를 붙여서 '주어+should be ~'라고 하면 됩니다. 이 역시 주어가 무엇이든 상관없이 should be 하나만 써서 말하면 되니 정말 간단하죠?

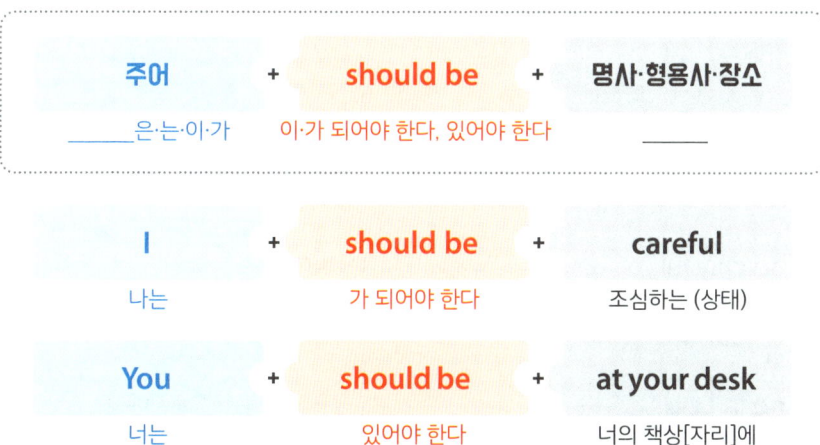

STEP 1 단어연결법 적용하기

1단계 단어 익히기

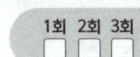

QR코드를 찍어 단어들을 듣고 따라 말하며 머릿속에 새기세요. (3회 반복)

father	아빠	honest	정직한
mother	엄마	patient	참을성 있는
neighbor	이웃	desk	책상
genius	천재	bed	침대, 잠자리
careful	조심하는	hospital	병원
confident	자신감 있는	restaurant	식당

2단계 단어연결법으로 문장 만들기

단어연결법으로 만든 문장들을 듣고 따라 말하고, 우리말 해석을 보며 다시 영작해 보세요. (3회 반복)

I will be fine.	나는 괜찮을 거야.
I will be a good father.	나는 좋은 아빠가 될 거야.
I will be in the hospital.	나는 병원(안)에 있을 거야.
I should be careful.	나는 조심해야 해.
I should be confident.	나는 자신감이 있어야 해.
I should be in bed.	나는 잠자리에 있어야 해(자야 해).

You will be a good mother.	너는 좋은 엄마가 될 거야.
You must be a genius.	너는 천재인 게 틀림없어.
You should be careful.	너는 조심해야 해.
You should be at your desk.	너는 네 자리에 있어야 해.
We will be in the restaurant.	우리는 식당에 있을 거야.
We should be patient.	우리는 참을성이 있어야 해.
They will be fine.	그들은 괜찮을 거야.
They must be in the hospital.	그들은 병원에 있는 게 틀림없어.
They should be honest.	그들은 정직해야 해.
He will be a good father.	그는 좋은 아빠가 될 거야.
He must be her neighbor.	그는 그녀의 이웃인 게 틀림없어.
He should be confident.	그는 자신감이 있어야 해.
She will be in the restaurant.	그녀는 식당에 있을 거야.
She must be his neighbor.	그녀는 그의 이웃인 게 틀림없어.
She should be honest.	그녀는 정직해야 해.
Siwon will be a good teacher.	시원이는 좋은 선생님이 될 거야.
Siwon must be a genius.	시원이는 천재인 게 틀림없어.
Siwon should be patient.	시원이는 참을성이 있어야 해.
Rachel will be in Korea.	레이첼은 한국에 있을 거야.
Rachel should be in bed.	레이첼은 잠자리에 있어야 해(자야 해).

STEP 2 1초 만에 우리말로 해석하기

QR코드를 찍어 아래의 영어 문장들을 쭉 들으며 1초 만에 우리말로 해석하고, 말하면서 박스(□)에 체크 표시를 해 나가세요.(우리말 해설 정답은 **p. 166~167** 참고)

🎯 꼭 명심해 주세요

1. 반드시 "소리 내어" 말하세요. **(ex)** "**I drink**"를 듣고 "나는 마셔"라고 소리 내어 말할 것!
2. 쉼 없이 스피디하게 쭉~ 말하면서 진행해야 효과가 좋습니다.
3. 많이 말하면 말할수록 영문의 뜻이 머릿속에 새겨진다는 걸 꼭 기억하세요.

☐ **I will be** fine.	☐ **I should be** ready.
☐ **I will be** ready.	☐ **I should be** careful.
☐ **I will be** careful.	☐ **I should be** confident.
☐ **I will be** confident.	☐ **I should be** honest.
☐ **I will be** patient.	☐ **I should be** patient.
☐ **I will be** a good father.	☐ **I should be** a good father.
☐ **I will be** a good mother.	☐ **I should be** a good mother.
☐ **I will be** a good singer.	☐ **I should be** a good teacher.
☐ **I will be** a good cook.	☐ **I should be** a good designer.
☐ **I will be** in the hospital.	☐ **I should be** in bed.
☐ **I will be** at my desk.	☐ **I should be** in the hospital.
☐ **I will be** there.	☐ **I should be** there.

- ☐ **You will be** fine.
- ☐ **You will be** a good mother.
- ☐ **You must be** a genius.
- ☐ **You must be** a good father.
- ☐ **You should be** careful.
- ☐ **You should be** at your desk.
- ☐ **You should be** in the hospital.
- ☐ **You should be** here.
- ☐ **We will be** in the restaurant.
- ☐ **We will be** ready.
- ☐ **We will be** in bed.
- ☐ **We should be** patient.
- ☐ **We should be** confident.
- ☐ **We should be** careful.
- ☐ **They will be** fine.
- ☐ **They will be** ready.
- ☐ **They must be** in the hospital.
- ☐ **They must be** there.
- ☐ **They should be** honest.
- ☐ **They should be** careful.

- ☐ **He will be** fine.
- ☐ **He will be** a good father.
- ☐ **He must be** her neighbor.
- ☐ **He must be** a genius.
- ☐ **He should be** confident.
- ☐ **He should be** patient.
- ☐ **He should be** in bed.
- ☐ **She will be** fine.
- ☐ **She will be** in the restaurant.
- ☐ **She must be** his neighbor.
- ☐ **She must be** a good mother.
- ☐ **She should be** honest.
- ☐ **She should be** careful.
- ☐ **She should be** here.
- ☐ **Siwon will be** a good teacher.
- ☐ **Siwon must be** a genius.
- ☐ **Siwon should be** patient.
- ☐ **Rachel will be** in Korea.
- ☐ **Rachel must be** his neighbor.
- ☐ **Rachel should be** in bed.

1초 만에 영어로 말하기

이번엔 QR 코드를 찍어 우리말 문장들을 듣고 읽으면서 1초 만에 다시 영작해서 말하고, 말하면서 박스(□)에 체크 표시를 해 나가세요. (영작 정답은 P. 164~165 참고)

🎯 **꼭 명심해 주세요**

1. 반드시 "소리 내어" 말하세요. **(ex)** "나는 마셔"를 보고 "**I drink**"라고 소리 내어 말할 것!
2. 쉼 없이 스피디하게 쭉~ 말하면서 진행해야 효과가 좋습니다.
3. 많이 말하면 말할수록 영어 입 근육이 만들어진다는 걸 꼭 기억하세요.

□ 나는 괜찮을 거야.	□ 나는 준비되어야 해.
□ 나는 준비될 거야.	□ 나는 조심해야 해.
□ 나는 조심할 거야.	□ 나는 자신감이 있어야 해.
□ 나는 자신감을 가질 거야.	□ 나는 정직해야 해.
□ 나는 인내심을 가질 거야.	□ 나는 인내심이 있어야 해.
□ 나는 좋은 아빠가 될 거야.	□ 나는 좋은 아빠가 되어야 해.
□ 나는 좋은 엄마가 될 거야.	□ 나는 좋은 엄마가 되어야 해.
□ 나는 좋은 가수가 될 거야.	□ 나는 좋은 선생님이 되어야 해.
□ 나는 좋은 요리사가 될 거야.	□ 나는 좋은 디자이너가 되어야 해.
□ 나는 병원(안)에 있을 거야.	□ 나는 잠자리에 있어야 해(자야 해).
□ 나는 내 자리에 있을 거야.	□ 나는 병원에 있어야 해.
□ 나는 거기에 있을 거야.	□ 나는 거기에 있어야 해.

☐	너는 괜찮을 거야.	☐	그는 괜찮을 거야.
☐	너는 좋은 엄마가 될 거야.	☐	그는 좋은 아빠가 될 거야.
☐	너는 천재인 게 틀림없어.	☐	그는 그녀의 이웃인 게 틀림없어.
☐	너는 좋은 아빠인 게 틀림없어.	☐	그는 천재인 게 틀림없어.
☐	너는 조심해야 해.	☐	그는 자신감이 있어야 해.
☐	너는 네 자리에 있어야 해.	☐	그는 참을성이 있어야 해.
☐	너는 병원(안)에 있어야 해.	☐	그는 자야 해.
☐	너는 여기에 있어야 해.	☐	그녀는 괜찮을 거야.
☐	우리는 식당에 있을 거야.	☐	그녀는 식당에 있을 거야.
☐	우리는 준비될 거야.	☐	그녀는 그의 이웃인 게 틀림없어.
☐	우리는 자야 해.	☐	그녀는 좋은 엄마인 게 틀림없어.
☐	우리는 참을성이 있어야 해.	☐	그녀는 정직해야 해.
☐	우리는 자신감을 가져야 해.	☐	그녀는 조심해야 해.
☐	우리는 조심해야 해.	☐	그녀는 여기에 있어야 해.
☐	그들은 괜찮을 거야.	☐	시원이는 좋은 선생님이 될 거야.
☐	그들은 준비될 거야.	☐	시원이는 천재인 게 틀림없어.
☐	그들은 병원에 있는 게 틀림없어.	☐	시원이는 참을성이 있어야 해.
☐	그들은 거기에 있는 게 틀림없어.	☐	레이첼은 한국에 있을 거야.
☐	그들은 정직해야 해.	☐	레이첼은 그의 이웃인 게 틀림없어.
☐	그들은 조심해야 해.	☐	레이첼은 잠자리에 있어야 해(자야 해).

STEP 4 확장해서 길~게 말하기

 음원_065

이번엔 앞서 배운 문장들을 좀 더 길게 확장해서 말하는 연습을 해 봅시다. QR코드를 찍어 영어 문장들을 듣고 따라 말하며 박스(□)에 체크 표시도 해 나가세요.

문장 확장 팁

이번엔 다양한 부사(**soon**(곧), **early**(일찍), **very**(아주), **really**(정말)), 그리고 '**I'm sure**(~라고 확신하다), **I promise**(~임을 약속하다), **If**((만약) ~라면)'이라는 표현들을 활용하여 문장을 길게 말하는 연습을 해 봅시다.

☐	I will be fine **soon**.	나는 **곧** 괜찮아질 거야.
☐	You should be in bed **early**.	너는 **일찍** 잠자리에 들어야 해.
☐	You should be **very** careful.	너는 **아주** 조심해야 해.
☐	We should be **really** patient.	우리는 **정말** 인내심을 가져야 해.
☐	**I'm sure** I will be a good mother.	**나는** 내가 좋은 엄마가 될 거라고 **확신해**.
☐	**I'm sure** he must be a genius.	**나는** 그가 천재임에 틀림없다고 **확신해**.
☐	**I'm sure** he will be a good father.	**나는** 그가 좋은 아빠가 될 거라고 **확신해**.
☐	**I'm sure** she must be at home.	**나는** 그녀가 집인 게 틀림없다고 **확신해**.
☐	**I'm sure** she will be fine.	**나는** 그녀가 괜찮아질 거라고 **확신해**.
☐	**I'm sure** they must be there.	**나는** 그들이 거기에 있다고 **확신해**.
☐	**I promise** I will be there.	내가 거기에 있겠다고 **약속할게**.
☐	**I promise** I will be careful.	내가 조심하겠다고 **약속할게**.
☐	**If** I drink tea, I will be fine.	나는 차를 마시**면**, 괜찮아질 거야.
☐	**If** you don't rest, you will be sick.	너는 쉬지 않으**면**, 아프게 될 거야.

1초 만에 빠르게 — 우리말로 해석하기

앞서 말해 봤던 긴 영어 문장들을 1초 만에 빠르게 우리말로 해석해서 말해 보세요.

- ☐ I will be fine **soon**.
- ☐ You should be in bed **early**.
- ☐ You should be **very** careful.
- ☐ We should be **really** patient.
- ☐ **I'm sure** I will be a good mother.
- ☐ **I'm sure** he must be a genius.
- ☐ **I'm sure** he will be a good father.

- ☐ **I'm sure** she must be at home.
- ☐ **I'm sure** she will be fine.
- ☐ **I'm sure** they must be there.
- ☐ **I promise** I will be there.
- ☐ **I promise** I will be careful.
- ☐ **If** I drink tea, I will be fine.
- ☐ **If** you don't rest, you will be sick.

1초 만에 빠르게 — 영어로 말하기

이번엔 반대로 아래의 우리말 문장들을 1초 만에 빠르게 영어로 바꿔서 말해 보세요.

- ☐ 나는 **곧** 괜찮아질 거야.
- ☐ 너는 **일찍** 잠자리에 들어야 해.
- ☐ 너는 **아주** 조심해야 해.
- ☐ 우리는 **정말** 인내심을 가져야 해.
- ☐ **나는** 내가 좋은 엄마가 될 거라고 **확신해**.
- ☐ **나는** 그가 천재임에 틀림없다고 **확신해**.
- ☐ **나는** 그가 좋은 아빠가 될 거라고 **확신해**.

- ☐ **나는** 그녀가 집인 게 틀림없다고 **확신해**.
- ☐ **나는** 그녀가 괜찮아질 거라고 **확신해**.
- ☐ **나는** 그들이 거기에 있다고 **확신해**.
- ☐ 내가 거기에 있겠다고 **약속할게**.
- ☐ 내가 조심하겠다고 **약속할게**.
- ☐ 나는 차를 마시**면**, 괜찮아질 거야.
- ☐ 너는 쉬지 않으**면**, 아프게 될 거야.

"Great job
on finishing Lesson 13!
Congratulations!"

기적의 말하기 기초영어법

14강

Are	+	you	+	busy?
이니?		너는		바쁜 (상태)

Are you busy?

너는 바쁘니?

단어연결법 익히기

시원쌤 TALK 이번 시간엔 be동사로 '의문문'을 만드는 법을 배워 보겠습니다. 앞서 우리는 '일반 동사(~한다)'로 의문문을 만들 땐 'Do/Does/Did'를 문장 앞에 붙이면 된다고 배웠습니다. 그런데 'be동사(~이다, ~에 있다)'로 의문문을 만들 땐 문장 앞에 뭔가를 붙일 필요 없이 주어 뒤의 be동사를 문장 맨 앞으로 옮기기만 하면 됩니다. 자, 한번 해 볼까요?

단어연결법 1 Am/Are/Is+주어+명사·형용사·장소?

앞서 말했듯이 be동사 의문문은 주어 뒤 be동사를 문장 맨 앞으로 옮기기만 하면 되기 때문에 '주어+am/are/is ~'를 'Am/Are/Is+주어 ~?'라고만 하면 됩니다. 그럼 주어가 무엇인지에 따라 적절한 형태의 be동사를 골라 의문문을 만들어 봅시다.

단어연결법 2 — Was/Were+주어+명사·형용사·장소?

'(과거에) ~였니[이었니]? ~에 있었니?'라는 과거 시제 의문문을 만들 땐 be동사의 과거형 'was, were'를 써서 만들면 됩니다. 그럼 주어가 무엇인지에 따라 'was, were' 중 적절한 형태의 과거형 be동사를 골라 과거 시제 의문문을 만들어 봅시다.

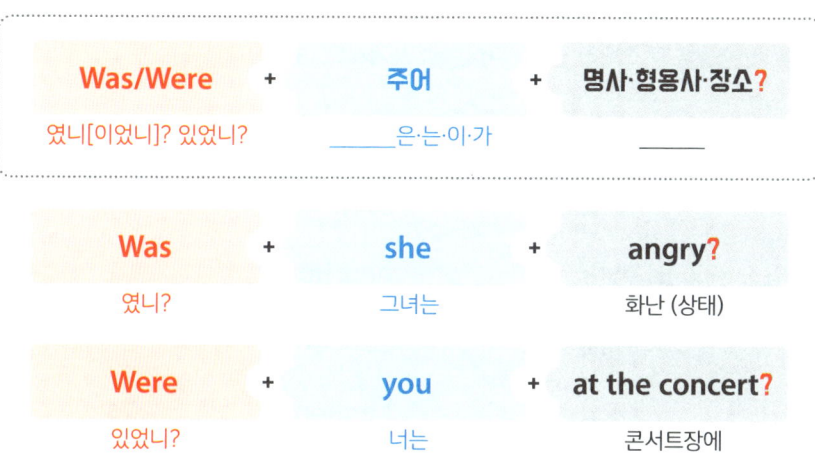

단어연결법 3 — Aren't/Isn't+주어+명사·형용사·장소?

한 단계 더 나아가, '주어가 ~이·가 아니니? 주어가 ~에 있는 거 아니야?'라는 '부정형 의문문'을 만들고 싶을 땐 be동사의 부정문(주어+am/are/is not ~)에서 'aren't(=are not), isn't(=is not)'을 문장 맨 앞으로 옮기기만 하면 됩니다.

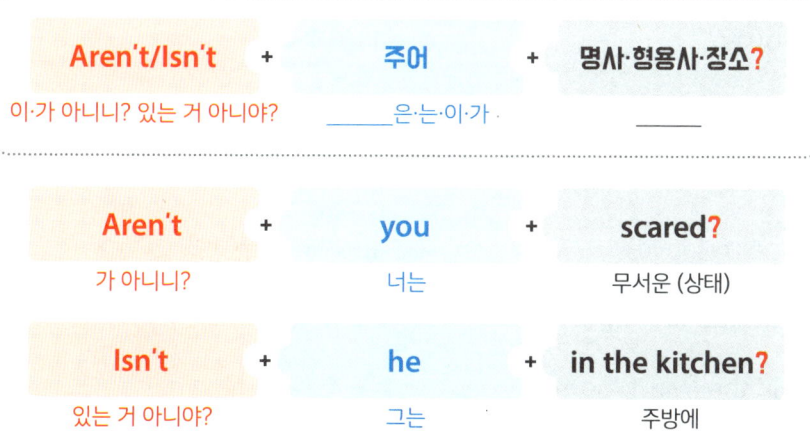

단어연결법 적용하기

1단계 단어 익히기

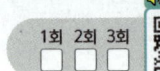

QR코드를 찍어 단어들을 듣고 따라 말하며 머릿속에 새기세요. (**3회 반복**)

busy	바쁜	brother	형, 오빠, 남동생
available	시간 있는	relative	친척
angry	화난	first floor	1층
scared	무서운	concert	콘서트(장)
parents	부모님	kitchen	주방
sister	누나, 언니, 여동생	living room	거실

2단계 단어연결법으로 문장 만들기

단어연결법으로 만든 문장들을 듣고 따라 말하고, 우리말 해석을 보며 다시 영작해 보세요. (**3회 반복**)

Are you busy?	너는 바쁘니?
Are you scared?	너는 무섭니?
Are you his sister?	너는 그의 누나/여동생이니?
Are you her relative?	너는 그녀의 친척이니?
Are you on the first floor?	너는 1층에 있니?
Are you in the living room?	너는 거실에 있니?

Are they angry?	그들은 화났니?
Are they your parents?	그들은 너의 부모님이니?
Are they in the kitchen?	그들은 주방(안)에 있니?
Is he busy?	그는 바쁘니?
Is he available?	그는 시간이 있니?
Is he your brother?	그는 너의 형/오빠/남동생이니?
Is she your sister?	그녀는 너의 누나/언니/여동생이니?
Is she on the first floor?	그녀는 1층에 있니?
Were you busy?	너는 바쁜 (상태)였니?
Were you scared?	너는 무서운 (상태)였니?
Were you at the concert?	너는 콘서트장에 있었니?
Were they in the living room?	그들은 거실에 있었니?
Was he angry?	그는 화난 (상태)였니?
Was he in the kitchen?	그는 주방에 있었니?
Was she on the first floor?	그녀는 1층에 있었니?
Isn't she your sister?	그녀는 너의 누나/언니/여동생 아니니?
Isn't he your brother?	그는 너의 형/오빠/남동생 아니니?
Aren't they your parents?	그들은 너의 부모님 아니니?
Aren't you busy?	너는 바쁘지 않니?
Aren't you scared?	너는 무섭지 않니?

STEP 2 · 1초 만에 우리말로 해석하기

음원_068

QR코드를 찍어 아래의 영어 문장들을 쭉 들으며 1초 만에 우리말로 해석하고, 말하면서 박스(□)에 체크 표시를 해 나가세요.(우리말 해설 정답은 **p. 178~179** 참고)

🎯 꼭 명심해 주세요

1. 반드시 "소리 내어" 말하세요. **(ex)** "**I drink**"를 듣고 "나는 마셔"라고 소리 내어 말할 것!
2. 쉼 없이 스피디하게 쭉~ 말하면서 진행해야 효과가 좋습니다.
3. 많이 말하면 말할수록 영문의 뜻이 머릿속에 새겨진다는 걸 꼭 기억하세요.

☐	**Are you** busy**?**	☐	**Are you** an engineer**?**
☐	**Are you** available**?**	☐	**Are you** a cook**?**
☐	**Are you** angry**?**	☐	**Are you** a teacher**?**
☐	**Are you** scared**?**	☐	**Are you** on the first floor**?**
☐	**Are you** tired**?**	☐	**Are you** at the concert**?**
☐	**Are you** excited**?**	☐	**Are you** at the gym**?**
☐	**Are you** upset**?**	☐	**Are you** in the kitchen**?**
☐	**Are you** ready**?**	☐	**Are you** in the living room**?**
☐	**Are you** her sister**?**	☐	**Are you** in the bathroom**?**
☐	**Are you** his brother**?**	☐	**Are you** in the bedroom**?**
☐	**Are you** her relative**?**	☐	**Are you** in your room**?**
☐	**Are you** a singer**?**	☐	**Are you** there**?**

- ☐ **Are they** angry?
- ☐ **Are they** busy?
- ☐ **Are they** your parents?
- ☐ **Are they** his parents?
- ☐ **Are they** in the kitchen?
- ☐ **Are they** in the living room?
- ☐ **Is he** busy?
- ☐ **Is he** available?
- ☐ **Is he** your brother?
- ☐ **Is he** her relative?
- ☐ **Is he** in his room?
- ☐ **Is he** there?
- ☐ **Is she** available?
- ☐ **Is she** angry?
- ☐ **Is she** your sister?
- ☐ **Is she** his relative?
- ☐ **Is she** on the first floor?
- ☐ **Is she** at the concert?
- ☐ **Is Siwon** there?
- ☐ **Is Rachel** in the kitchen?

- ☐ **Were you** busy?
- ☐ **Were you** scared?
- ☐ **Were you** a cook?
- ☐ **Were you** an engineer?
- ☐ **Were you** at the concert?
- ☐ **Were you** in your room?
- ☐ **Were they** busy?
- ☐ **Were they** available?
- ☐ **Were they** angry?
- ☐ **Were they** on the first floor?
- ☐ **Were they** in the living room?
- ☐ **Were they** here?
- ☐ **Was he** angry?
- ☐ **Was he** in the kitchen?
- ☐ **Was she** on the first floor?
- ☐ **Isn't she** your sister?
- ☐ **Isn't he** your brother?
- ☐ **Aren't they** your parents?
- ☐ **Aren't you** busy?
- ☐ **Aren't you** scared?

STEP 3 : 1초 만에 영어로 말하기

음원_069

이번엔 **QR** 코드를 찍어 우리말 문장들을 듣고 읽으면서 **1초 만에** 다시 영작해서 말하고, 말하면서 박스(□)에 체크 표시를 해 나가세요. (영작 정답은 **P. 176~177** 참고)

꼭 명심해 주세요

1. 반드시 "소리 내어" 말하세요. **(ex)** "나는 마셔"를 보고 "**I drink**"라고 소리 내어 말할 것!
2. 쉼 없이 스피디하게 쭉~ 말하면서 진행해야 효과가 좋습니다.
3. 많이 말하면 말할수록 영어 입 근육이 만들어진다는 걸 꼭 기억하세요.

□ 너는 바쁘니?	□ 너는 엔지니어니?
□ 너는 시간 있니?	□ 너는 요리사야?
□ 너는 화났니?	□ 너는 선생님이니?
□ 너는 무섭니?	□ 너는 1층에 있니?
□ 너는 피곤하니?	□ 너는 콘서트장에 있니?
□ 너는 신나니?	□ 너는 체육관에 있니?
□ 너는 속상하니?	□ 너는 주방에 있니?
□ 너는 준비됐니?	□ 너는 거실에 있니?
□ 너는 그녀의 언니/여동생이니?	□ 너는 화장실에 있니?
□ 너는 그의 형/남동생이니?	□ 너는 침실에 있니?
□ 너는 그녀의 친척이니?	□ 너는 너의 방에 있니?
□ 너는 가수야?	□ 너는 거기에 있니?

- ☐ 그들은 화났니?
- ☐ 그들은 바쁘니?
- ☐ 그들은 너의 부모님이니?
- ☐ 그들은 그의 부모님이니?
- ☐ 그들은 주방(안)에 있니?
- ☐ 그들은 거실(안)에 있니?
- ☐ 그는 바쁘니?
- ☐ 그는 시간이 있니?
- ☐ 그는 너의 형/오빠/남동생이니?
- ☐ 그는 그녀의 친척이니?
- ☐ 그는 그의 방(안)에 있니?
- ☐ 그는 거기에 있니?
- ☐ 그녀는 시간 있니?
- ☐ 그녀는 화났니?
- ☐ 그녀는 너의 누나/언니/여동생이니?
- ☐ 그녀는 그의 친척이니?
- ☐ 그녀는 1층에 있니?
- ☐ 그녀는 콘서트장에 있니?
- ☐ 시원이는 거기에 있니?
- ☐ 레이첼은 주방에 있니?

- ☐ 너는 바쁜 (상태)였니?
- ☐ 너는 무서운 (상태)였니?
- ☐ 너는 요리사였니?
- ☐ 너는 엔지니어였니?
- ☐ 너는 콘서트장에 있었니?
- ☐ 너는 너의 방에 있었니?
- ☐ 그들은 바빴니?
- ☐ 그들은 시간 있었니?
- ☐ 그들은 화났었니?
- ☐ 그들은 1층에 있었니?
- ☐ 그들은 거실에 있었니?
- ☐ 그들은 여기에 있었니?
- ☐ 그는 화난 (상태)였니?
- ☐ 그는 주방에 있었니?
- ☐ 그녀는 1층에 있었니?
- ☐ 그녀는 너의 누나/언니/여동생 아니니?
- ☐ 그는 너의 형/오빠/남동생 아니니?
- ☐ 그들은 너의 부모님 아니니?
- ☐ 너는 바쁘지 않니?
- ☐ 너는 무섭지 않니?

STEP 4 확장해서 길~게 말하기

이번엔 앞서 배운 문장들을 좀 더 길게 확장해서 말하는 연습을 해 봅시다. **QR**코드를 찍어 영어 문장들을 듣고 따라 말하며 박스(□)에 체크 표시도 해 나가세요.

📢 문장 확장 팁

영어에선 **be**동사 의문문에 '네/아니오'라고 답할 땐 'Are you busy?(너 바쁘니?) / Yes, I'm busy.(응, 바빠.)'와 같이 답해도 되지만 짧게 줄여서 'Yes, 주어+be동사. / No, 주어+be동사+not.'이라고 답해도 됩니다.

□	Are you busy? / **Yes, I am.**	너는 바쁘니? / **응, 바빠.**
□	Are you available? / **No, I'm not.**	너는 시간 있니? / **아니, 시간 없어.**
□	Were you sick? / **Yes, I was.**	너는 아팠니? / **응, 아팠어.**
□	Were you scared? / **No, I wasn't.**	너는 무서웠니? / **아니, 안 무서웠어.**
□	Is he angry? / **Yes, he is.**	그는 화났니? / **응, 화났어.**
□	Is he your brother? / **No, he isn't.**	그는 네 형이니? / **아니, 형 아니야.**
□	Was she upset? / **Yes, she was.**	그녀는 속상했니? / **응, 속상해했어.**
□	Was she sick? / **No, she wasn't.**	그녀는 아팠니? / **아니, 안 아팠어.**
□	Am I right? / **Yes, you are.**	내가 맞니? / **응, 네가 맞아.**
□	Am I wrong? / **No, you're not.**	내가 틀리니? / **아니, 안 틀려.**
□	Was I right? / **Yes, you were.**	내가 맞았니? / **응, 네가 맞았어.**
□	Was I wrong? / **No, you weren't.**	내가 틀렸니? / **아니, 안 틀렸어.**
□	Are they here? / **Yes, they are.**	그들이 여기 있니? / **응, 여기 있어.**
□	Are they busy? / **No, they're not.**	그들은 바쁘니? / **아니, 안 바빠.**

1초 만에 빠르게 우리말로 해석하기

앞서 말해 봤던 긴 영어 문장들을 1초 만에 빠르게 우리말로 해석해서 말해 보세요.

- ☐ Are you busy? / **Yes, I am.**
- ☐ Are you available? / **No, I'm not.**
- ☐ Were you sick? / **Yes, I was.**
- ☐ Were you scared? / **No, I wasn't.**
- ☐ Is he angry? / **Yes, he is.**
- ☐ Is he your brother? / **No, he isn't.**
- ☐ Was she upset? / **Yes, she was.**

- ☐ Was she sick? / **No, she wasn't.**
- ☐ Am I right? / **Yes, you are.**
- ☐ Am I wrong? / **No, you're not.**
- ☐ Was I right? / **Yes, you were.**
- ☐ Was I wrong? / **No, you weren't.**
- ☐ Are they here? / **Yes, they are.**
- ☐ Are they busy? / **No, they're not.**

1초 만에 빠르게 영어로 말하기

이번엔 반대로 아래의 우리말 문장들을 1초 만에 빠르게 영어로 바꿔서 말해 보세요.

- ☐ 너는 바쁘니? / **응, 바빠.**
- ☐ 너는 시간 있니? / **아니, 시간 없어.**
- ☐ 너는 아팠니? / **응, 아팠어.**
- ☐ 너는 무서웠니? / **아니, 안 무서웠어.**
- ☐ 그는 화났니? / **응, 화났어.**
- ☐ 그는 네 형이니? / **아니, 형 아니야.**
- ☐ 그녀는 속상했니? / **응, 속상해했어.**

- ☐ 그녀는 아팠니? / **아니, 안 아팠어.**
- ☐ 내가 맞니? / **응, 네가 맞아.**
- ☐ 내가 틀리니? / **아니, 안 틀려.**
- ☐ 내가 맞았니? / **응, 네가 맞았어.**
- ☐ 내가 틀렸니? / **아니, 안 틀렸어.**
- ☐ 그들이 여기 있니? / **응, 여기 있어.**
- ☐ 그들은 바쁘니? / **아니, 안 바빠.**

"Great job
on finishing Lesson 14!
Congratulations!"

기적의 말하기 기초영어법

15강

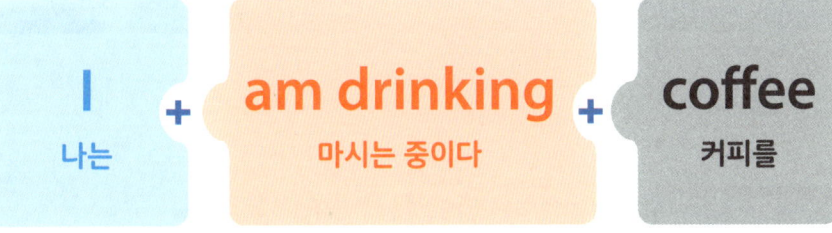

I am drinking coffee.
나는 커피를 마시는 중이야.

단어연결법 익히기

시원쌤 TALK
앞서 우린 일반 동사와 be동사로 '현재 시제, 과거 시제, 미래 시제' 문장을 만들어 보았습니다. 이번 시간엔, '(지금) ~하는 중이다'라는 뜻의 '현재 진행 시제' 문장을 만들어 보겠습니다. 만드는 방법은 간단합니다. 주어 뒤 동사를 'am/are/is+동사-ing'라는 형태로 바꿔 말하면 됩니다. 동사에 '-ing'가 붙으니 어떤 일이 계속 돌아가고 있는 느낌이죠?

단어연결법 1 주어+am/are/is+동사-ing+목적어

앞서 말했듯 '(지금) ~하는 중이다'라는 뜻의 현재 진행 시제는 '**am/are/is+동사-ing**'를 써서 말하면 됩니다. 그리고 주어가 무엇인지에 따라 '**am+동사-ing, are+동사-ing, is+동사-ing**' 중 적절한 형태의 현재 진행형 동사를 골라 말해야 합니다.

단어연결법 2 — 주어+am/are/is not+동사-ing+목적어

'(지금) ~하지 않고 있다'라는 뜻의 '현재 진행 시제 부정문'은 'am/are/is+동사-ing'에 not을 넣어서 'am/are/is+not+동사-ing'라고 말하면 됩니다. 그럼 주어가 무엇인지에 주의하며 적절한 형태의 현재 진행형 동사를 골라 부정문을 만들어 봅시다.

주어	+	am/are/is not+동사-ing	+	목적어
___은·는·이·가		___하지 않고 있다		___을·를
I 나는	+	am not drinking 마시지 않고 있다	+	coffee 커피를
They 그들은	+	are not asking 묻고 있지 않다	+	questions 질문들을

단어연결법 3 — Am/Are/Is+주어+동사-ing+목적어?

앞서 우린 be동사가 들어간 의문문은 주어 뒤에 있는 be동사를 문장 맨 앞으로 옮기기만 하면 된다고 배웠습니다. 따라서 현재 진행 시제 의문문 역시 주어 뒤의 be동사 'am, are, is'를 문장 맨 앞으로 옮기기만 하면 됩니다. 정말 간단하죠?

Am/Are/Is	+	주어	+	동사-ing	+	목적어?
이니?		___은·는·이·가		___하는 중		___을·를
Are 이니?	+	you 너는	+	drinking 마시는 중	+	coffee? 커피를
Is 이니?	+	she 그녀는	+	feeding 밥 먹이는 중	+	the dog? 개를

단어연결법 적용하기

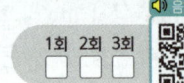

 단어 익히기

QR코드를 찍어 단어들을 듣고 따라 말하며 머릿속에 새기세요. (3회 반복)

clean	청소하다	house	집
draw	그리다	picture	그림
ask	묻다	question	질문
feed	밥을 먹이다	dog	개
play	(게임, 운동을) 하다	soccer	축구
make	만들다	dinner	저녁식사

2단계 단어연결법으로 문장 만들기

단어연결법으로 만든 문장들을 듣고 따라 말하고, 우리말 해석을 보며 다시 영작해 보세요. (3회 반복)

I'm drinking coffee.	나는 커피를 마시는 중이야.
I'm cleaning the house.	나는 집을 청소하는 중이야.
I'm drawing a picture.	나는 그림을 그리는 중이야.
I'm feeding my dog.	나는 나의 개를 밥 먹이는 중이야.
I'm playing soccer.	나는 축구를 하는 중이야.
I'm making dinner.	나는 저녁식사를 만드는 중이야.

We're playing soccer.	우리는 축구를 하는 중이야.
We're cleaning the house.	우리는 집을 청소하는 중이야.
They're asking questions.	그들은 질문을 묻고 있는 중이야.
They're feeding their dog.	그들은 그들의 개를 밥 먹이는 중이야.
He's drawing a picture.	그는 그림을 그리는 중이야.
She's making dinner.	그녀는 저녁식사를 만드는 중이야.
Siwon is playing soccer.	시원이는 축구를 하는 중이야.
I'm not drinking coffee.	나는 커피를 마시고 있지 않아.
I'm not cleaning the house.	나는 집을 청소하고 있지 않아.
I'm not drawing a picture.	나는 그림을 그리고 있지 않아.
We're not eating dinner.	우리는 저녁을 먹고 있지 않아.
They're not playing soccer.	그들은 축구를 하고 있지 않아.
He's not asking questions.	그는 질문을 묻고 있지 않아.
She's not making dinner.	그녀는 저녁을 만들고 있지 않아.
Are you drinking coffee?	너는 커피를 마시는 중이니?
Are you drawing a picture?	너는 그림을 그리는 중이니?
Are they playing soccer?	그들은 축구를 하는 중이니?
Is he feeding his dog?	그는 그의 개를 밥 먹이는 중이니?
Is she eating dinner?	그녀는 저녁을 먹는 중이니?
Is Siwon cleaning the house?	시원이는 집을 청소하는 중이니?

STEP 2   1초 만에 우리말로 해석하기

QR코드를 찍어 아래의 영어 문장들을 쭉 들으며 1초 만에 우리말로 해석하고, 말하면서 박스(□)에 체크 표시를 해 나가세요.(우리말 해설 정답은 p. 190~191 참고)

🎯 꼭 명심해 주세요

1. 반드시 "소리 내어" 말하세요. (ex) "I drink"를 듣고 "나는 마셔"라고 소리 내어 말할 것!
2. 쉼 없이 스피디하게 쭉~ 말하면서 진행해야 효과가 좋습니다.
3. 많이 말하면 말할수록 영문의 뜻이 머릿속에 새겨진다는 걸 꼭 기억하세요.

☐ **I'm drinking** coffee.	☐ **I'm cleaning** the kitchen.
☐ **I'm drinking** juice.	☐ **I'm drawing** a picture.
☐ **I'm drinking** milk.	☐ **I'm drawing** my dog.
☐ **I'm eating** breakfast.	☐ **I'm reading** a book.
☐ **I'm eating** lunch.	☐ **I'm asking** a question.
☐ **I'm eating** dinner.	☐ **I'm feeding** my dog.
☐ **I'm eating** bread.	☐ **I'm playing** soccer.
☐ **I'm cleaning** the house.	☐ **I'm playing** tennis.
☐ **I'm cleaning** my room.	☐ **I'm making** coffee.
☐ **I'm cleaning** the living room.	☐ **I'm making** breakfast.
☐ **I'm cleaning** the bathroom.	☐ **I'm making** lunch.
☐ **I'm cleaning** the bedroom.	☐ **I'm making** dinner.

- ☐ **We're playing** soccer.
- ☐ **We're cleaning** the house.
- ☐ **We're eating** breakfast.
- ☐ **We're making** lunch.
- ☐ **We're asking** questions.
- ☐ **They're feeding** their dog.
- ☐ **They're drinking** coffee.
- ☐ **They're playing** tennis.
- ☐ **They're cleaning** the house.
- ☐ **They're making** dinner.
- ☐ **He's drawing** a picture.
- ☐ **He's reading** a book.
- ☐ **He's feeding** his dog.
- ☐ **He's eating** lunch.
- ☐ **He's cleaning** the bathroom.
- ☐ **She's making** dinner.
- ☐ **She's drinking** milk.
- ☐ **She's asking** a question.
- ☐ **She's playing** tennis.
- ☐ **Siwon is playing** soccer.

- ☐ **I'm not drinking** coffee.
- ☐ **I'm not cleaning** the house.
- ☐ **I'm not drawing** a picture.
- ☐ **I'm not eating** breakfast.
- ☐ **We're not eating** dinner.
- ☐ **They're not playing** soccer.
- ☐ **He's not asking** questions.
- ☐ **He's not feeding** his dog.
- ☐ **She's not making** dinner.
- ☐ **She's not cleaning** her room.
- ☐ **Are you drinking** coffee?
- ☐ **Are you drawing** a picture?
- ☐ **Are you reading** a book?
- ☐ **Are they playing** soccer?
- ☐ **Are they cleaning** the house?
- ☐ **Is he feeding** his dog?
- ☐ **Is he eating** breakfast?
- ☐ **Is she eating** dinner?
- ☐ **Is she playing** tennis?
- ☐ **Is Siwon cleaning** the house?

STEP 3 1초 만에 영어로 말하기

 음원_074

이번엔 QR 코드를 찍어 우리말 문장들을 듣고 읽으면서 1초 만에 다시 영작해서 말하고, 말하면서 박스(□)에 체크 표시를 해 나가세요. (영작 정답은 P. 188~189 참고)

🎯 꼭 명심해 주세요

1. 반드시 "소리 내어" 말하세요. **(ex)** "나는 마셔"를 보고 "**I drink**"라고 소리 내어 말할 것!
2. 쉼 없이 스피디하게 쭉~ 말하면서 진행해야 효과가 좋습니다.
3. 많이 말하면 말할수록 영어 입 근육이 만들어진다는 걸 꼭 기억하세요.

□ 나는 커피를 마시는 중이야.	□ 나는 주방을 청소하는 중이야.
□ 나는 주스를 마시는 중이야.	□ 나는 그림을 그리는 중이야.
□ 나는 우유를 마시는 중이야.	□ 나는 나의 개를 그리는 중이야.
□ 나는 아침을 먹는 중이야.	□ 나는 책을 읽는 중이야.
□ 나는 점심을 먹는 중이야.	□ 나는 질문을 묻고 있는 중이야.
□ 나는 저녁을 먹는 중이야.	□ 나는 나의 개를 밥 먹이는 중이야.
□ 나는 빵을 먹는 중이야.	□ 나는 축구를 하는 중이야.
□ 나는 집을 청소하는 중이야.	□ 나는 테니스를 치는 중이야.
□ 나는 나의 방을 청소하는 중이야.	□ 나는 커피를 만드는 중이야.
□ 나는 거실을 청소하는 중이야.	□ 나는 아침식사를 만드는 중이야.
□ 나는 화장실을 청소하는 중이야.	□ 나는 점심식사를 만드는 중이야.
□ 나는 침실을 청소하는 중이야.	□ 나는 저녁식사를 만드는 중이야.

- ☐ 우리는 축구를 하는 중이야.
- ☐ 우리는 집을 청소하는 중이야.
- ☐ 우리는 아침을 먹는 중이야.
- ☐ 우리는 점심식사를 만드는 중이야.
- ☐ 우리는 질문을 묻고 있는 중이야.
- ☐ 그들은 그들의 개를 밥 먹이는 중이야.
- ☐ 그들은 커피를 마시는 중이야.
- ☐ 그녀는 테니스를 치는 중이야.
- ☐ 그들은 집을 청소하는 중이야.
- ☐ 그들은 저녁식사를 만드는 중이야.
- ☐ 그는 그림을 그리는 중이야.
- ☐ 그는 책을 읽는 중이야.
- ☐ 그는 그의 개를 밥 먹이는 중이야.
- ☐ 그는 점심을 먹는 중이야.
- ☐ 그는 화장실을 청소하는 중이야.
- ☐ 그녀는 저녁식사를 만드는 중이야.
- ☐ 그녀는 우유를 마시는 중이야.
- ☐ 그녀는 질문을 묻고 있는 중이야.
- ☐ 그녀는 테니스를 치는 중이야.
- ☐ 시원이는 축구를 하는 중이야.

- ☐ 나는 커피를 마시고 있지 않아.
- ☐ 나는 집을 청소하고 있지 않아.
- ☐ 나는 그림을 그리고 있지 않아.
- ☐ 나는 아침을 먹고 있지 않아.
- ☐ 우리는 저녁을 먹고 있지 않아.
- ☐ 그들은 축구를 하고 있지 않아.
- ☐ 그는 질문을 묻고 있지 않아.
- ☐ 그는 그의 개를 밥 먹이고 있지 않아.
- ☐ 그녀는 저녁식사를 만들고 있지 않아.
- ☐ 그녀는 그녀의 방을 청소하고 있지 않아.
- ☐ 너는 커피를 마시는 중이니?
- ☐ 너는 그림을 그리는 중이니?
- ☐ 너는 책을 읽는 중이니?
- ☐ 그들은 축구를 하는 중이니?
- ☐ 그들은 집을 청소하는 중이니?
- ☐ 그는 그의 개를 밥 먹이는 중이니?
- ☐ 그는 아침을 먹는 중이니?
- ☐ 그녀는 저녁을 먹는 중이니?
- ☐ 그녀는 테니스를 치는 중이니?
- ☐ 시원이는 집을 청소하는 중이니?

STEP 4 확장해서 길~게 말하기

음원_075

이번엔 앞서 배운 문장들을 좀 더 길게 확장해서 말하는 연습을 해 봅시다. QR코드를 찍어 영어 문장들을 듣고 따라 말하며 박스(□)에 체크 표시도 해 나가세요.

문장 확장 팁

이번엔 현재 진행 시제 문장과 잘 쓰이는 다양한 시간 표현들(**right now**(지금 이 순간), **these days**(요새, 최근), **currently**(현재))'와 같은 표현들을 활용하여 문장을 길게 말하는 연습을 해 봅시다.

☐	I'm drinking coffee **right now**.	나는 **지금** 커피를 마시는 중이야.
☐	I'm making dinner **right now**.	나는 **지금** 저녁식사를 만드는 중이야.
☐	He's playing soccer **right now**.	그는 **지금** 축구를 하는 중이야.
☐	He's feeding the dog **right now**.	그는 **지금** 개를 밥 먹이는 중이야.
☐	He's playing tennis **these days**.	그는 **요새** 테니스를 치고 있어.
☐	She's working out **these days**.	그녀는 **요새** 운동하고 있어.
☐	She's travelling **these days**.	그녀는 **요새** 여행하고 있어.
☐	I'm playing games **these days**.	나는 **요새** 게임을 하고 있어.
☐	I'm learning yoga **these days**.	나는 **요새** 요가를 배우고 있어.
☐	I'm **currently** learning English.	나는 **현재** 영어를 배우고 있어.
☐	She's **currently** learning yoga.	그녀는 **현재** 요가를 배우고 있어.
☐	He's **currently** drawing pictures.	그는 **현재** 그림을 그리고 있어.
☐	We're **currently** playing soccer.	우리는 **현재** 축구를 하고 있어.
☐	They're **currently** playing tennis.	그들은 **현재** 테니스를 치고 있어.

⚡ 1초 만에 빠르게   우리말로 해석하기

앞서 말해 봤던 긴 영어 문장들을 **1초** 만에 빠르게 우리말로 해석해서 말해 보세요.

☐	I'm drinking coffee **right now**.	☐	I'm playing games **these days**.
☐	I'm making dinner **right now**.	☐	I'm learning yoga **these days**.
☐	He's playing soccer **right now**.	☐	I'm **currently** learning English.
☐	He's feeding the dog **right now**.	☐	She's **currently** learning yoga.
☐	He's playing tennis **these days**.	☐	He's **currently** drawing pictures.
☐	She's working out **these days**.	☐	We're **currently** playing soccer.
☐	She's travelling **these days**.	☐	They're **currently** playing tennis.

⚡ 1초 만에 빠르게   영어로 말하기

이번엔 반대로 아래의 우리말 문장들을 **1초** 만에 빠르게 영어로 바꿔서 말해 보세요.

☐	나는 **지금** 커피를 마시는 중이야.	☐	나는 **요새** 게임을 하고 있어.
☐	나는 **지금** 저녁식사를 만드는 중이야.	☐	나는 **요새** 요가를 배우고 있어.
☐	그는 **지금** 축구를 하는 중이야.	☐	나는 **현재** 영어를 배우고 있어.
☐	그는 **지금** 개를 밥 먹이는 중이야.	☐	그녀는 **현재** 요가를 배우고 있어.
☐	그는 **요새** 테니스를 치고 있어.	☐	그는 **현재** 그림을 그리고 있어.
☐	그녀는 **요새** 운동하고 있어.	☐	우리는 **현재** 축구를 하고 있어.
☐	그녀는 **요새** 여행하고 있어.	☐	그들은 **현재** 테니스를 치고 있어.

"Great job
on finishing Lesson 15!
Congratulations!"

기적의 말하기 **기초영어법**

16강

| I | + | was drinking | + | coffee |
| 나는 | | 마시는 중이었다 | | 커피를 |

I was drinking coffee.
나는 커피를 마시고 있었어.

단어연결법 익히기

시원쌤 TALK 현재 진행 시제 문장에 이어 이번 시간엔 '(과거 어떤 시점에) ~하고 있었다'라는 뜻의 '과거 진행 시제' 문장을 만들어 보겠습니다. 만드는 방법은 간단합니다. 앞서 배웠던 'am/are/is+동사-ing(~하는 중이다)'라는 현재 진행 시제 표현에서 'am, are, is'를 과거형 'was, were'로 바꿔서 'was/were+동사-ing(~하고 있었다)'라고 하면 되니까요.

단어연결법 1 주어+was/were+동사-ing+목적어

'(과거 어떤 시점에) ~하고 있었다'라는 과거 진행 시제 문장은 **be**동사의 과거형 '**was, were**'을 써서 '**was/were**+동사-**ing**'라고 하면 됩니다. 주어가 무엇인지에 따라 '**was**+동사-**ing, were**+동사-**ing**' 중 적절한 형태를 골라 써야 한다는 거, 잘 아시죠?

🔗 단어연결법 2 주어+was/were not+동사-ing+목적어

'(과거 어떤 시점에) ~하지 않고 있었다'라는 뜻의 '과거 진행 시제 부정문'을 만들 땐 'was/were+동사-ing'에 not을 넣어서 'was/were not+동사-ing'라고 하면 됩니다. 이 역시 주어가 무엇인지에 주의하며 적절한 형태의 문장을 만들어 보세요.

🔗 단어연결법 3 Was/Were+주어+동사-ing+목적어?

be동사 의문문은 주어 뒤의 be동사를 문장 맨 앞으로 옮기기만 하면 된다고 배웠습니다. 따라서 과거 진행 시제 의문문 역시 주어 뒤에 있는 과거형 be동사인 'was, were'를 문장 맨 앞으로 옮기기만 하면 됩니다. 정말 쉽고 간단하죠?

Was/Were	+	주어	+	동사-ing	+	목적어?
이었니?		___은·는·이·가		___하는 중		___을·를
Were	+	you	+	drinking	+	coffee?
이었니?		너는		마시는 중		커피를
Was	+	she	+	playing	+	the piano?
이었니?		그녀는		연주하는[치는] 중		피아노를

STEP 1 단어연결법 적용하기

1단계 단어 익히기

QR코드를 찍어 단어들을 듣고 따라 말하며 머릿속에 새기세요. (**3회 반복**)

plan	계획하다	trip	여행
hold	잡다, 쥐다	hand	손
wash	씻다, 닦다	truth	사실
tell	말하다	secret	비밀
hide	숨기다	piano	피아노
play	(악기를) 연주하다	guitar	기타

2단계 단어연결법으로 문장 만들기

단어연결법으로 만든 문장들을 듣고 따라 말하고, 우리말 해석을 보며 다시 영작해 보세요. (**3회 반복**)

I was drinking coffee.	나는 커피를 마시고 있었어.
I was planning a trip.	나는 여행을 계획하고 있었어.
I was holding his hand.	나는 그의 손을 잡고 있었어.
I was washing my hands.	나는 나의 손을 씻고 있었어.
I was telling the truth.	나는 사실을 말하고 있었어.
I was playing the piano.	나는 피아노를 연주하고 있었어.

You were holding her hand.	너는 그녀의 손을 잡고 있었어.
You were telling the secret.	너는 비밀을 말하고 있었어.
We were planning our trip.	우리는 우리의 여행을 계획하고 있었어.
They were hiding the secret.	그들은 비밀을 숨기고 있었어.
He was playing the guitar.	그는 기타를 치고 있었어.
She was washing her hands.	그녀는 그녀의 손을 씻고 있었어.
Siwon was telling the truth.	시원이는 사실을 말하고 있었어.
I was not drinking coffee.	나는 커피를 마시고 있지 않았어.
I was not holding her hand.	나는 그녀의 손을 잡고 있지 않았어.
You were not telling the truth.	너는 사실을 말하고 있지 않았어.
We were not hiding the secret.	우리는 비밀을 숨기고 있지 않았어.
They were not planning a trip.	그들은 여행을 계획하고 있지 않았어.
He was not washing his hands.	그는 그의 손을 씻고 있지 않았어.
She was not playing the piano.	그녀는 피아노를 치고 있지 않았어.
Were you drinking coffee?	너는 커피를 마시고 있었니?
Were you telling the secret?	너는 비밀을 말하고 있었니?
Were they planning a trip?	그들은 여행을 계획하고 있었니?
Was he playing the guitar?	그는 기타를 치고 있었니?
Was she holding your hand?	그녀는 너의 손을 잡고 있었니?
Was Siwon hiding the truth?	시원이는 사실을 숨기고 있었니?

STEP 2 1초 만에 우리말로 해석하기

 음원_078

QR코드를 찍어 아래의 영어 문장들을 쭉 들으며 1초 만에 우리말로 해석하고, 말하면서 박스(□)에 체크 표시를 해 나가세요.(우리말 해설 정답은 **p. 202~203** 참고)

꼭 명심해 주세요

1. 반드시 "소리 내어" 말하세요. **(ex)** "**I drink**"를 듣고 "나는 마셔"라고 소리 내어 말할 것!
2. 쉼 없이 스피디하게 쭉~ 말하면서 진행해야 효과가 좋습니다.
3. 많이 말하면 말할수록 영문의 뜻이 머릿속에 새겨진다는 걸 꼭 기억하세요.

☐ **I was drinking** coffee.	☐ **I was holding** her hand.
☐ **I was drinking** milk.	☐ **I was holding** my guitar.
☐ **I was eating** breakfast.	☐ **I was washing** my hands.
☐ **I was eating** lunch.	☐ **I was washing** the window.
☐ **I was eating** dinner.	☐ **I was telling** the secret.
☐ **I was planning** a trip.	☐ **I was telling** the truth.
☐ **I was planning** an event.	☐ **I was hiding** the secret.
☐ **I was planning** a vacation.	☐ **I was hiding** the truth.
☐ **I was enjoying** the trip.	☐ **I was playing** the piano.
☐ **I was enjoying** the event.	☐ **I was playing** the guitar.
☐ **I was enjoying** the vacation.	☐ **I was playing** soccer.
☐ **I was holding** his hand.	☐ **I was playing** tennis.

- ☐ **You were holding** her hand.
- ☐ **You were telling** the secret.
- ☐ **We were planning** our trip.
- ☐ **We were enjoying** our trip.
- ☐ **We were hiding** the secret.
- ☐ **We were telling** the truth.
- ☐ **They were washing** the window.
- ☐ **They were eating** dinner.
- ☐ **They were playing** tennis.
- ☐ **They were planning** an event.
- ☐ **He was playing** the guitar.
- ☐ **He was holding** my hand.
- ☐ **He was washing** his hands.
- ☐ **He was telling** the secret.
- ☐ **She was washing** her hands.
- ☐ **She was enjoying** her vacation.
- ☐ **She was eating** breakfast.
- ☐ **She was holding** his hand.
- ☐ **Siwon was telling** the truth.
- ☐ **Rachel was hiding** the secret.

- ☐ **I was not drinking** coffee.
- ☐ **I was not holding** her hand.
- ☐ **I was not washing** my hands.
- ☐ **I was not playing** the piano.
- ☐ **I was not hiding** the secret.
- ☐ **You were not telling** the truth.
- ☐ **We were not hiding** the secret.
- ☐ **We were not drinking** coffee.
- ☐ **They were not planning** a trip.
- ☐ **They were not enjoying** the trip.
- ☐ **He was not washing** his hands.
- ☐ **He was not playing** the guitar.
- ☐ **She was not playing** the piano.
- ☐ **She was not telling** the truth.
- ☐ **Were you drinking** coffee?
- ☐ **Were you telling the** secret?
- ☐ **Were they planning** a trip?
- ☐ **Was he playing** the guitar?
- ☐ **Was she holding** your hand?
- ☐ **Was Siwon hiding** the truth?

STEP 3 · 1초 만에 영어로 말하기

 음원_079

이번엔 QR 코드를 찍어 우리말 문장들을 듣고 읽으면서 1초 만에 다시 영작해서 말하고, 말하면서 박스(□)에 체크 표시를 해 나가세요. (영작 정답은 P. 200~201 참고)

🎯 꼭 명심해 주세요

1. 반드시 "소리 내어" 말하세요. (ex) "나는 마셔"를 보고 "I drink"라고 소리 내어 말할 것!
2. 쉼 없이 스피디하게 쭉~ 말하면서 진행해야 효과가 좋습니다.
3. 많이 말하면 말할수록 영어 입 근육이 만들어진다는 걸 꼭 기억하세요.

- □ 나는 커피를 마시고 있었어.
- □ 나는 우유를 마시고 있었어.
- □ 나는 아침을 먹고 있었어.
- □ 나는 점심을 먹고 있었어.
- □ 나는 저녁을 먹고 있었어.
- □ 나는 여행을 계획하고 있었어.
- □ 나는 행사를 계획하고 있었어.
- □ 나는 휴가를 계획하고 있었어.
- □ 나는 여행을 즐기고 있었어.
- □ 나는 행사를 즐기고 있었어.
- □ 나는 휴가를 즐기고 있었어.
- □ 나는 그의 손을 잡고 있었어.

- □ 나는 그녀의 손을 잡고 있었어.
- □ 나는 나의 기타를 쥐고 있었어.
- □ 나는 나의 손을 씻고 있었어.
- □ 나는 창문을 닦고 있었어.
- □ 나는 비밀을 말하고 있었어.
- □ 나는 사실을 말하고 있었어.
- □ 나는 비밀을 숨기고 있었어.
- □ 나는 사실을 숨기고 있었어.
- □ 나는 피아노를 연주하고 있었어.
- □ 나는 기타를 연주하고 있었어.
- □ 나는 축구를 하고 있었어.
- □ 나는 테니스를 치고 있었어.

- ☐ 너는 그녀의 손을 잡고 있었어.
- ☐ 너는 비밀을 말하고 있었어.
- ☐ 우리는 우리의 여행을 계획하고 있었어.
- ☐ 우리는 우리의 여행을 즐기고 있었어.
- ☐ 우리는 비밀을 숨기고 있었어.
- ☐ 우리는 사실을 말하고 있었어.
- ☐ 그들은 창문을 닦고 있었어.
- ☐ 그들은 저녁을 먹고 있었어.
- ☐ 그들은 테니스를 치고 있었어.
- ☐ 그들은 행사를 계획하고 있었어.
- ☐ 그는 기타를 치고 있었어.
- ☐ 그는 내 손을 잡고 있었어.
- ☐ 그는 그의 손을 씻고 있었어.
- ☐ 그는 비밀을 말하고 있었어.
- ☐ 그녀는 그녀의 손을 씻고 있었어.
- ☐ 그녀는 그녀의 휴가를 즐기고 있었어.
- ☐ 그는 아침을 먹고 있었어.
- ☐ 그녀는 그의 손을 잡고 있었어.
- ☐ 시원이는 사실을 말하고 있었어.
- ☐ 레이첼은 비밀을 숨기고 있었어.
- ☐ 나는 커피를 마시고 있지 않았어.
- ☐ 나는 그녀의 손을 잡고 있지 않았어.
- ☐ 나는 내 손을 씻고 있지 않았어.
- ☐ 나는 피아노를 치고 있지 않았어.
- ☐ 나는 비밀을 숨기고 있지 않았어.
- ☐ 너는 사실을 말하고 있지 않았어.
- ☐ 우리는 비밀을 숨기고 있지 않았어.
- ☐ 우리는 커피를 마시고 있지 않았어.
- ☐ 그들은 여행을 계획하고 있지 않았어.
- ☐ 그들은 여행을 즐기고 있지 않았어.
- ☐ 그는 그의 손을 씻고 있지 않았어.
- ☐ 그는 기타를 치고 있지 않았어.
- ☐ 그녀는 피아노를 치고 있지 않았어.
- ☐ 그녀는 사실을 말하고 있지 않았어.
- ☐ 너는 커피를 마시고 있었니?
- ☐ 너는 비밀을 말하고 있었니?
- ☐ 그들은 여행을 계획하고 있었니?
- ☐ 그는 기타를 치고 있었니?
- ☐ 그녀는 너의 손을 잡고 있었니?
- ☐ 시원이는 사실을 숨기고 있었니?

확장해서 길~게 말하기

이번엔 앞서 배운 문장들을 좀 더 길게 확장해서 말하는 연습을 해 봅시다. QR코드를 찍어 영어 문장들을 듣고 따라 말하며 박스(□)에 체크 표시도 해 나가세요.

문장 확장 팁

이번엔 과거 진행 시제 문장들에 'at noon, last night'과 같은 특정 시간대 표현 및 'at that time(그때), at that moment(그 순간), during+명사(~동안), when+문장(~인 때)'라는 표현을 덧붙여 좀 더 길게 말해 봅시다.

☐ I was drinking coffee **at noon**.	나는 **낮 12시에** 커피를 마시고 있었어.
☐ I was reading **at 9 last night**.	나는 **어젯밤 9시에** 독서하고 있었어.
☐ I was working **at that time**.	나는 **그때** 일하고 있었어.
☐ I was playing soccer **at that time**.	나는 **그때** 축구를 하고 있었어.
☐ We were sleeping **at that time**.	우리는 **그때** 자고 있었어.
☐ We were resting **at that time**.	우리는 **그때** 쉬고 있었어.
☐ He was driving **at that moment**.	그는 **그 순간** 운전을 하고 있었어.
☐ He was cooking **at that moment**.	그는 **그 순간** 요리를 하고 있었어.
☐ She was leaving **at that moment**.	그녀는 **그 순간** 떠나고 있었어.
☐ She was crying **at that moment**.	그녀는 **그 순간** 울고 있었어.
☐ I was studying **during** class.	그녀는 수업 **동안** 공부하고 있었어.
☐ They were talking **during** class.	그들은 수업 **동안** 이야기하고 있었어.
☐ They were working **when** I rested.	내가 쉬고 있을 **때** 그들은 일하고 있었어.
☐ You were sleeping **when** I worked.	내가 일하고 있을 **때** 너는 자고 있었어.

1초 만에 빠르게 — 우리말로 해석하기

앞서 말해 봤던 긴 영어 문장들을 1초 만에 빠르게 우리말로 해석해서 말해 보세요.

- ☐ I was drinking coffee **at noon**.
- ☐ I was reading **at 9 last night**.
- ☐ I was working **at that time**.
- ☐ I was playing soccer **at that time**.
- ☐ We were sleeping **at that time**.
- ☐ We were resting **at that time**.
- ☐ He was driving **at that moment**.

- ☐ He was cooking **at that moment**.
- ☐ She was leaving **at that moment**.
- ☐ She was crying **at that moment**.
- ☐ I was studying **during** class.
- ☐ They were talking **during** class.
- ☐ They were working **when** I rested.
- ☐ You were sleeping **when** I worked.

1초 만에 빠르게 — 영어로 말하기

이번엔 반대로 아래의 우리말 문장들을 1초 만에 빠르게 영어로 바꿔서 말해 보세요.

- ☐ 나는 **낮 12시에** 커피를 마시고 있었어.
- ☐ 나는 **어젯밤 9시에** 독서하고 있었어.
- ☐ 나는 **그때** 일하고 있었어.
- ☐ 나는 **그때** 축구를 하고 있었어.
- ☐ 우리는 **그때** 자고 있었어.
- ☐ 우리는 **그때** 쉬고 있었어.
- ☐ 그는 **그 순간** 운전을 하고 있었어.

- ☐ 그는 **그 순간** 요리를 하고 있었어.
- ☐ 그녀는 **그 순간** 떠나고 있었어.
- ☐ 그녀는 **그 순간** 울고 있었어.
- ☐ 그녀는 수업 **동안** 공부하고 있었어.
- ☐ 그들은 수업 **동안** 이야기하고 있었어.
- ☐ 내가 쉬고 있을 **때** 그들은 일하고 있었어.
- ☐ 내가 일하고 있을 **때** 너는 자고 있었어.

"Great job
on finishing Lesson 16!
Congratulations!"

기적의 말하기 기초영어법

17강

| I | + | like | + | drinking coffee |
| 나는 | | 좋아한다 | | 커피 마시는 것을 |

I like drinking coffee.
나는 커피 마시길 좋아해.

단어연결법 익히기

시원쌤 TALK
이번 시간엔 '동사-ing'라는 표현을 써서 문장 만들기 연습을 해 보겠습니다. '동사-ing'는 '~하는 것'이라고 해석되는데, 마치 '명사'처럼 해석된다고 하여 '명사 같은 동사 → 동명사'라고 합니다. 이 동명사는 '나는 커피 마시는 것을 좋아해'처럼 '어떠한 행위를 하는 것을 좋아한다'고 말할 때 유용하게 쓰입니다. 그럼 문장을 만들어 볼까요?

단어연결법 1 주어+like+동사-ing

'주어+like+목적어'라는 문형에서 목적어 자리에 '명사'를 넣으면 '주어+like+명사(~은·는·이·가 ~을·를 좋아해)'라는 문장이 되는데, 목적어 자리에 '동명사'를 넣으면 '주어+like+동명사(~은·는·이·가 ~하는 것을 좋아해)'라는 문장이 됩니다.

단어연결법 2 주어+don't/doesn't like+동사-ing

'~하는 것을 좋아하지 않는다'고 말하는 방법 또한 간단합니다. 일반 동사 like 앞에 don't/doesn't를 붙여서 'don't/doesn't like+동사-ing'라고 하면 됩니다. 주어가 무엇인지에 따라 'don't like 동사-ing, doesn't like 동사-ing' 중 잘 골라 써야 하겠죠?

단어연결법 3 Do/Does+주어+like+동사-ing?

'~하는 것을 좋아하니?'라고 묻는 의문문을 만드는 방법 역시 간단합니다. 앞서 배웠던 일반 동사 의문문을 만들 때처럼 '주어+like+동사-ing' 앞에 do/does를 붙이기만 하면 되니까요. 주어가 무엇인지에 따라 'do, does' 중 잘 골라서 붙여야겠죠?

Do/Does	+	주어	+	like	+	동사-ing?
(조동사)		_____은·는·이·가		좋아하니?		_____하는 것을
Do	+	you	+	like	+	drinking coffee?
(조동사)		너는		좋아하니?		커피 마시는 것을
Does	+	he	+	like	+	going shopping?
(조동사)		그는		좋아하니?		쇼핑하러 가는 것을

단어연결법 적용하기

 단어 익히기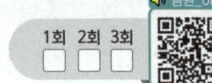

QR코드를 찍어 단어들을 듣고 따라 말하며 머릿속에 새기세요. (3회 반복)

take	(사진을) 찍다	picture	사진, 그림
watch	보다, 관람하다	action movie	액션 영화
speak	말하다	horror movie	공포 영화
listen to	~을·를 듣다	in public	대중 앞에서
go shopping	쇼핑하러 가다	spicy food	매운 음식
work out	운동하다	music	음악

2단계 단어연결법으로 문장 만들기

단어연결법으로 만든 문장들을 듣고 따라 말하고, 우리말 해석을 보며 다시 영작해 보세요. (3회 반복)

I like drinking coffee.	나는 커피 마시는 것을 좋아해.
I like taking pictures.	나는 사진 찍는 것을 좋아해.
I like watching action movies.	나는 액션 영화 보는 것을 좋아해.
I like listening to music.	나는 음악 듣는 것을 좋아해.
I like going shopping.	나는 쇼핑하러 가는 것을 좋아해.
I like working out.	나는 운동하는 것을 좋아해.

We like watching horror movies.	우리는 공포 영화 보는 것을 좋아해.
We like eating spicy food.	우리는 매운 음식 먹는 것을 좋아해.
They like going shopping.	그들은 쇼핑하러 가는 것을 좋아해.
They like taking pictures.	그들은 사진 찍는 것을 좋아해.
He likes working out.	그는 운동하는 것을 좋아해.
She likes listening to music.	그녀는 음악 듣는 것을 좋아해.
Siwon likes speaking in public.	시원이는 대중 앞에 말하는 것을 좋아해.
I don't like drinking coffee.	나는 커피 마시는 것을 좋아하지 않아.
I don't like going shopping.	나는 쇼핑하러 가는 것을 좋아하지 않아.
I don't like speaking in public.	나는 대중 앞에서 말하는 것을 좋아하지 않아.
We don't like eating spicy food.	우리는 매운 음식 먹는 것을 좋아하지 않아.
They don't like working out.	그들은 운동하는 것을 좋아하지 않아.
He doesn't like going shopping.	그는 쇼핑하러 가는 것을 좋아하지 않아.
She doesn't like taking pictures.	그녀는 사진 찍는 것을 좋아하지 않아.
Do you like listening to music?	너는 음악 듣는 것을 좋아하니?
Do you like speaking in public?	너는 대중 앞에서 말하는 것을 좋아하니?
Do they like eating spicy food?	그들은 매운 음식 먹는 것을 좋아하니?
Does he like working out?	그는 운동하는 것을 좋아하니?
Does she like taking pictures?	그녀는 사진 찍는 것을 좋아하니?
Does Siwon like going shopping?	시원이는 쇼핑하러 가는 것을 좋아하니?

STEP 2 | 1초 만에 우리말로 해석하기

 음원_083

QR코드를 찍어 아래의 영어 문장들을 쭉 들으며 1초 만에 우리말로 해석하고, 말하면서 박스(□)에 체크 표시를 해 나가세요.(우리말 해설 정답은 **p. 214~215** 참고)

🎯 꼭 명심해 주세요

1. 반드시 "소리 내어" 말하세요. **(ex)** "**I drink**"를 듣고 "나는 마셔"라고 소리 내어 말할 것!
2. 쉼 없이 스피디하게 쭉~ 말하면서 진행해야 효과가 좋습니다.
3. 많이 말하면 말할수록 영문의 뜻이 머릿속에 새겨진다는 걸 꼭 기억하세요.

- □ **I like** drink**ing** coffee.
- □ **I like** drink**ing** milk.
- □ **I like** tak**ing** pictures.
- □ **I like** draw**ing** pictures.
- □ **I like** watch**ing** movies.
- □ **I like** watch**ing** action movies.
- □ **I like** watch**ing** horror movies.
- □ **I like** listen**ing** to music.
- □ **I like** eat**ing** spicy food.
- □ **I like** go**ing** shopping.
- □ **I like** work**ing** out.
- □ **I like** speak**ing** in public.

- □ **We like** drink**ing** coffee.
- □ **We like** drink**ing** milk.
- □ **We like** tak**ing** pictures.
- □ **We like** draw**ing** pictures.
- □ **We like** watch**ing** movies.
- □ **We like** watch**ing** action movies.
- □ **We like** watch**ing** horror movies.
- □ **We like** listen**ing** to music.
- □ **We like** eat**ing** spicy food.
- □ **We like** go**ing** shopping.
- □ **We like** work**ing** out.
- □ **We like** speak**ing** in public.

- ☐ **They like** go**ing** shopping.
- ☐ **They like** tak**ing** pictures.
- ☐ **They like** listen**ing** to music.
- ☐ **They like** eat**ing** spicy food.
- ☐ **They like** work**ing** out.
- ☐ **They like** watch**ing** action movies.
- ☐ **He likes** drink**ing** coffee.
- ☐ **He likes** watch**ing** horror movies.
- ☐ **He likes** listen**ing** to music.
- ☐ **He likes** speak**ing** in public.
- ☐ **He likes** draw**ing** pictures.
- ☐ **He likes** go**ing** shopping.
- ☐ **She likes** listen**ing** to music.
- ☐ **She likes** tak**ing** pictures.
- ☐ **She likes** drink**ing** milk.
- ☐ **She likes** watch**ing** action movies.
- ☐ **She likes** work**ing** out.
- ☐ **She likes** eat**ing** spicy food.
- ☐ **Siwon likes** speak**ing** in public.
- ☐ **Rachel likes** go**ing** shopping.

- ☐ **I don't like** drink**ing** coffee.
- ☐ **I don't like** go**ing** shopping.
- ☐ **I don't like** speak**ing** in public.
- ☐ **I don't like** work**ing** out.
- ☐ **We don't like** eat**ing** spicy food.
- ☐ **We don't like** tak**ing** pictures.
- ☐ **They don't like** draw**ing** pictures.
- ☐ **They don't like** drink**ing** coffee.
- ☐ **He doesn't like** go**ing** shopping.
- ☐ **She doesn't like** tak**ing** pictures.
- ☐ **Do you like** listen**ing** to music?
- ☐ **Do you like** speak**ing** in public?
- ☐ **Do you like** watch**ing** movies?
- ☐ **Do you like** go**ing** shopping?
- ☐ **Do you like** eat**ing** spicy food?
- ☐ **Do they like** draw**ing** pictures?
- ☐ **Does he like** listen**ing** to music?
- ☐ **Does she like** tak**ing** pictures?
- ☐ **Does Siwon like** go**ing** shopping?
- ☐ **Does Rachel like** work**ing** out?

STEP 3 | 1초 만에 영어로 말하기

 음원_084

이번엔 QR 코드를 찍어 우리말 문장들을 듣고 읽으면서 1초 만에 다시 영작해서 말하고, 말하면서 박스(□)에 체크 표시를 해 나가세요. (영작 정답은 P. 212~213 참고)

🎯 꼭 명심해 주세요

1. 반드시 "소리 내어" 말하세요. **(ex)** "나는 마셔"를 보고 "**I drink**"라고 소리 내어 말할 것!
2. 쉼 없이 스피디하게 쭉~ 말하면서 진행해야 효과가 좋습니다.
3. 많이 말하면 말할수록 영어 입 근육이 만들어진다는 걸 꼭 기억하세요.

□ 나는 커피 마시는 것을 좋아해.	□ 우리는 커피 마시는 것을 좋아해.
□ 나는 우유 마시는 것을 좋아해.	□ 우리는 우유 마시는 것을 좋아해.
□ 나는 사진 찍는 것을 좋아해.	□ 우리는 사진 찍는 것을 좋아해.
□ 나는 그림 그리는 것을 좋아해.	□ 우리는 그림 그리는 것을 좋아해.
□ 나는 영화 보는 것을 좋아해.	□ 우리는 영화 보는 것을 좋아해.
□ 나는 액션 영화 보는 것을 좋아해.	□ 우리는 액션 영화 보는 것을 좋아해.
□ 나는 공포 영화 보는 것을 좋아해.	□ 우리는 공포 영화 보는 것을 좋아해.
□ 나는 음악 듣는 것을 좋아해.	□ 우리는 음악 듣는 것을 좋아해.
□ 나는 매운 음식을 먹는 것을 좋아해.	□ 나는 매운 음식을 먹는 것을 좋아해.
□ 나는 쇼핑하러 가는 것을 좋아해.	□ 나는 쇼핑하러 가는 것을 좋아해.
□ 나는 운동하는 것을 좋아해.	□ 나는 운동하는 것을 좋아해.
□ 나는 대중 앞에서 말하는 것을 좋아해.	□ 우리는 대중 앞에서 말하는 것을 좋아해.

☐	그들은 쇼핑하러 가는 것을 좋아해.	☐	나는 커피 마시는 것을 좋아하지 않아.
☐	그들은 사진 찍는 것을 좋아해.	☐	나는 쇼핑하러 가는 것을 좋아하지 않아.
☐	그들은 음악 듣는 것을 좋아해.	☐	나는 대중 앞에서 말하는 것을 좋아하지 않아.
☐	그들은 매운 음식 먹는 것을 좋아해.	☐	나는 운동하는 것을 좋아하지 않아.
☐	그들은 운동하는 것을 좋아해.	☐	우리는 매운 음식 먹는 것을 좋아하지 않아.
☐	그들은 액션 영화 보는 것을 좋아해.	☐	우리는 사진 찍는 것을 좋아하지 않아.
☐	그는 커피 마시는 것을 좋아해.	☐	그들은 그림 그리는 것을 좋아하지 않아.
☐	그는 공포 영화 보는 것을 좋아해.	☐	그들은 커피 마시는 것을 좋아하지 않아.
☐	그는 음악 듣는 것을 좋아해.	☐	그는 쇼핑하러 가는 것을 좋아하지 않아.
☐	그는 대중 앞에서 말하는 것을 좋아해.	☐	그녀는 사진 찍는 것을 좋아하지 않아.
☐	그는 그림 그리는 것을 좋아해.	☐	너는 음악 듣는 것을 좋아하니?
☐	그는 쇼핑하러 가는 것을 좋아해.	☐	너는 대중 앞에서 말하는 것을 좋아하니?
☐	그녀는 음악 듣는 것을 좋아해.	☐	너는 영화 보는 것을 좋아하니?
☐	그녀는 사진 찍는 것을 좋아해.	☐	너는 쇼핑하러 가는 것을 좋아하니?
☐	그녀는 우유 마시는 것을 좋아해.	☐	그들은 매운 음식 먹는 것을 좋아하니?
☐	그녀는 액션 영화 보는 것을 좋아해.	☐	그들은 그림 그리는 것을 좋아하니?
☐	그녀는 운동하는 것을 좋아해.	☐	그는 음악 듣는 것을 좋아하니?
☐	그녀는 매운 음식 먹는 것을 좋아해.	☐	그녀는 사진 찍는 것을 좋아하니?
☐	시원이는 대중 앞에 말하는 것을 좋아해.	☐	시원이는 쇼핑하러 가는 것을 좋아하니?
☐	레이첼은 쇼핑하러 가는 것을 좋아해.	☐	레이첼은 운동하는 것을 좋아하니?

STEP 4 확장해서 길~게 말하기

이번엔 앞서 배운 문장들을 좀 더 길게 확장해서 말하는 연습을 해 봅시다. **QR코드**를 찍어 영어 문장들을 듣고 따라 말하며 박스(□)에 체크 표시도 해 나가세요.

📢 **문장 확장 팁**

이번엔 다양한 부사 표현 및 (**so much**(아주 많이), **really**(정말), **together**(같이), **at all**(전혀))와 더불어 지금까지 배웠던 전치사 및 접속사(**with, at, and** 등등)를 활용하여 좀 더 길게 말하는 연습을 해 봅시다.

- □ I like drinking coffee **so much**. — 나는 커피 마시는 것을 **아주 많이** 좋아해.
- □ I like taking pictures **so much**. — 나는 사진 찍는 것을 **아주 많이** 좋아해.
- □ I **really** like listening to music. — 나는 음악 듣는 것을 **정말** 좋아해.
- □ I **really** like watching movies. — 나는 영화 보는 것을 **정말** 좋아해.
- □ I like going shopping **with** her. — 나는 그녀**와 함께** 쇼핑하러 가는 것을 좋아해.
- □ I like taking pictures **with** you. — 나는 너**와 함께** 사진 찍는 것을 좋아해.
- □ He likes working out **at** the gym. — 그는 체육관**에서** 운동하는 것을 좋아해.
- □ He likes studying **at** the library. — 그는 도서관**에서** 공부하는 것을 좋아해.
- □ She likes cooking **and** traveling. — 그녀는 요리하는 것**과** 여행하는 것을 좋아해.
- □ She likes driving **and** camping. — 그녀는 운전하는 것**과** 캠핑하는 것을 좋아해.
- □ We like working **together**. — 우리는 **같이** 일하는 것을 좋아해.
- □ We like going shopping **together**. — 우리는 **같이** 쇼핑하러 가는 것을 좋아해.
- □ I don't like cooking **at all**. — 나는 요리하는 것을 **전혀** 좋아하지 않아.
- □ I don't like working out **at all**. — 나는 운동하는 것을 **전혀** 좋아하지 않아.

1초 만에 빠르게 우리말로 해석하기

앞서 말해 봤던 긴 영어 문장들을 1초 만에 빠르게 우리말로 해석해서 말해 보세요.

☐	I like drinking coffee **so much**.	☐	He likes studying **at** the library.
☐	I like taking pictures **so much**.	☐	She likes cooking **and** traveling.
☐	I **really** like listening to music.	☐	She likes driving **and** camping.
☐	I **really** like watching movies.	☐	We like working **together**.
☐	I like going shopping **with** her.	☐	We like going shopping **together**.
☐	I like taking pictures **with** you.	☐	I don't like cooking **at all**.
☐	He likes working out **at** the gym.	☐	I don't like working out **at all**.

1초 만에 빠르게 영어로 말하기

이번엔 반대로 아래의 우리말 문장들을 1초 만에 빠르게 영어로 바꿔서 말해 보세요.

☐	나는 커피 마시는 것을 **아주 많이** 좋아해.	☐	그는 도서관**에서** 공부하는 것을 좋아해.
☐	나는 사진 찍는 것을 **아주 많이** 좋아해.	☐	그녀는 요리하는 것**과** 여행하는 것을 좋아해.
☐	나는 음악 듣는 것을 **정말** 좋아해.	☐	그녀는 운전하는 것**과** 캠핑하는 것을 좋아해.
☐	나는 영화 보는 것을 **정말** 좋아해.	☐	우리는 **같이** 일하는 것을 좋아해.
☐	나는 그녀**와 함께** 쇼핑하러 가는 것을 좋아해.	☐	우리는 **같이** 쇼핑하러 가는 것을 좋아해.
☐	나는 너**와 함께** 사진 찍는 것을 좋아해.	☐	나는 요리하는 것을 **전혀** 좋아하지 않아.
☐	그는 체육관**에서** 운동하는 것을 좋아해.	☐	나는 운동하는 것을 **전혀** 좋아하지 않아.

"Great job
on finishing Lesson 17!
Congratulations!"

기적의 말하기 기초영어법

18강

I + want + to drink coffee
나는 + 원한다 + 커피 마시기를

I want to drink coffee.
나는 커피 마시길 원해.

단어연결법 익히기

시원쌤 TALK 이번 시간엔 동사 앞에 to가 붙어서 만들어진 'to-동사'라는 표현을 배워 보겠습니다. 'to-동사' 역시 '동사-ing'처럼 '~하는 것'이란 뜻으로 해석될 수 있기 때문에 명사처럼 사용할 수 있습니다. 예를 들어 '나는 커피 마시는 것을 원해'와 같이 '어떠한 행위를 하는 것을 원하다'라고 말해 볼 수 있을 텐데요, 그럼 문장을 만들어 볼까요?

단어연결법 1   주어+want+to-동사

'주어+want+목적어'라는 문형에서 목적어 자리에 '명사'를 넣으면 '주어+want+명사(~은·는·이·가 ~을·를 원한다)'라는 문장이 되고, 목적어 자리에 'to-동사'를 넣으면 '주어+want+to-동사(~은·는·이·가 ~하는 것을 원하다)'라는 문장이 됩니다.

🔗 단어연결법 2 주어+don't/doesn't want+to-동사

'~하는 것을[~하길] 원하지 않는다'라는 부정문을 만들 땐 일반 동사 want 앞에 don't/doesn't를 붙여서 'don't/doesn't want+to-동사'라고 하면 됩니다. 주어가 무엇인지에 따라 'don't want+to-동사, doesn't want+to-동사' 중 잘 골라 써야 하겠죠?

주어	+	don't/doesn't want	+	to-동사
＿＿은·는·이·가		원하지 않는다		＿＿하는 것을, ＿＿하기를

I	+	don't want	+	to drink coffee
나는		원하지 않는다		커피 마시기를

She	+	doesn't want	+	to see me
그녀는		원하지 않는다		나를 보기를

🔗 단어연결법 3 Do/Does+주어+want+to-동사?

'~하는 것을 원하니?'라는 의문문을 만드는 방법 역시 간단합니다. '주어+want+to-동사' 맨 앞에 조동사 do/does를 붙이기만 하면 되니까요. 주어가 무엇인지에 따라 'do, does' 중 적절한 형태를 골라서 잘 붙여야겠죠? 의문문을 만들어 봅시다.

Do/Does	+	주어	+	want	+	to-동사
(조동사)		＿＿은·는·이·가		원하니?		＿＿하는 것을, ＿＿하기를

Do	+	you	+	want	+	to drink coffee?
(조동사)		너는		원하니?		커피 마시기를

Does	+	he	+	want	+	to see them?
(조동사)		그는		원하니?		그들을 보기를

단어연결법 적용하기

🔬 1단계 단어 익히기

QR코드를 찍어 단어들을 듣고 따라 말하며 머릿속에 새기세요. (**3회 반복**)

go home	집에 가다	musician	음악가
travel abroad	해외 여행을 하다	firefighter	소방관
become	~이·가 되다	me	나(를)
see	보다	them	그들(을)
have	가지다	puppy	강아지
raise	키우다	cat	고양이

🔬 2단계 단어연결법으로 문장 만들기

단어연결법으로 만든 문장들을 듣고 따라 말하고, 우리말 해석을 보며 다시 영작해 보세요. (**3회 반복**)

I want to drink coffee.	나는 커피 마시기를 원해.
I want to go home.	나는 집에 가기를 원해.
I want to travel abroad.	나는 해외 여행하기를 원해.
I want to become a firefighter.	나는 소방관이 되기를 원해.
I want to see them.	나는 그들을 보기를 원해.
I want to have a puppy.	나는 강아지를 갖기를 원해.

We want to go home.	우리는 집에 가기를 원해.
We want to travel abroad.	우리는 해외 여행하기를 원해.
They want to raise a cat.	그들은 고양이를 키우기를 원해.
They want to see me.	그들은 나를 보기를 원해.
He wants to become a musician.	그는 음악가가 되기를 원해.
She wants to have a puppy.	그녀는 강아지를 갖기를 원해.
Siwon wants to travel abroad.	시원이는 해외 여행하기를 원해.
I don't want to drink coffee.	나는 커피 마시기를 원치 않아.
I don't want to have a cat.	나는 고양이를 갖기를 원치 않아.
I don't want to see them.	나는 그들을 보기를 원치 않아.
We don't want to go home.	우리는 집에 가기를 원치 않아.
They don't want to raise a cat.	그들은 고양이를 키우기를 원치 않아.
He doesn't want to travel abroad.	그는 해외 여행하기를 원치 않아.
She doesn't want to see them.	그녀는 그들을 보기를 원치 않아.
Do you want to drink coffee?	너는 커피 마시기를 원하니?
Do you want to see me?	너는 나를 보기를 원하니?
Do you want to raise a puppy?	너는 강아지를 키우기를 원하니?
Do they want to have a cat?	그들은 고양이를 갖기를 원하니?
Does he want to go home?	그는 집에 가기를 원하니?
Does she want to see me?	그녀는 나를 보기를 원하니?

STEP 2 1초 만에 우리말로 해석하기

QR코드를 찍어 아래의 영어 문장들을 쭉 들으며 1초 만에 우리말로 해석하고, 말하면서 박스(□)에 체크 표시를 해 나가세요. (우리말 해설 정답은 p. 226~227 참고)

꼭 명심해 주세요

1. 반드시 "소리 내어" 말하세요. **(ex)** "**I drink**"를 듣고 "나는 마셔"라고 소리 내어 말할 것!
2. 쉼 없이 스피디하게 쭉~ 말하면서 진행해야 효과가 좋습니다.
3. 많이 말하면 말할수록 영문의 뜻이 머릿속에 새겨진다는 걸 꼭 기억하세요.

☐ **I want to** drink coffee.	☐ **We want to** drink coffee.
☐ **I want to** go home.	☐ **We want to** go home.
☐ **I want to** travel abroad.	☐ **We want to** travel abroad.
☐ **I want to** become a musician.	☐ **We want to** become musicians.
☐ **I want to** become a firefighter.	☐ **We want to** become firefighters.
☐ **I want to** see them.	☐ **We want to** see them.
☐ **I want to** see him.	☐ **We want to** see him.
☐ **I want to** see her.	☐ **We want to** see her.
☐ **I want to** have a puppy.	☐ **We want to** have a puppy.
☐ **I want to** have a cat.	☐ **We want to** have a cat.
☐ **I want to** raise a puppy.	☐ **We want to** raise a puppy.
☐ **I want to** raise a cat.	☐ **We want to** raise a cat.

☐	**They want to** raise a cat.	☐	**I don't want to** drink coffee.
☐	**They want to** raise a puppy.	☐	**I don't want to** have a cat.
☐	**They want to** see me.	☐	**I don't want to** see them.
☐	**They want to** see him.	☐	**I don't want to** travel abroad.
☐	**They want to** travel abroad.	☐	**I don't want to** go home.
☐	**They want to** go home.	☐	**We don't want to** go home.
☐	**He wants to** become a musician.	☐	**We don't want to** raise a puppy.
☐	**He wants to** become a firefighter.	☐	**They don't want to** raise a cat.
☐	**He wants to** see them.	☐	**They don't want to** see her.
☐	**He wants to** travel abroad.	☐	**He doesn't want to** travel abroad.
☐	**He wants to** plan a trip.	☐	**She doesn't want to** see them.
☐	**He wants to** go home.	☐	**Do you want to** drink coffee?
☐	**She wants to** have a puppy.	☐	**Do you want to** see me?
☐	**She wants to** have a cat.	☐	**Do you want to** raise a puppy?
☐	**She wants to** become a teacher.	☐	**Do you want to** travel abroad?
☐	**She wants to** become a cook.	☐	**Do you want to** eat spicy food?
☐	**She wants to** drink coffee.	☐	**Do they want to** have a cat?
☐	**She wants to** go home.	☐	**Does he want to** go home?
☐	**Siwon wants to** travel abroad.	☐	**Does he want to** see me?
☐	**Rachel wants to** have a puppy.	☐	**Does she want to** become a cook?

STEP 3 1초 만에 영어로 말하기

이번엔 **QR** 코드를 찍어 우리말 문장들을 듣고 읽으면서 **1초** 만에 다시 영작해서 말하고, 말하면서 박스(☐)에 체크 표시를 해 나가세요. (영작 정답은 **P. 224~225** 참고)

🎯 꼭 명심해 주세요

1. 반드시 "소리 내어" 말하세요. **(ex)** "나는 마셔"를 보고 "**I drink**"라고 소리 내어 말할 것!
2. 쉼 없이 스피디하게 쭉~ 말하면서 진행해야 효과가 좋습니다.
3. 많이 말하면 말할수록 영어 입 근육이 만들어진다는 걸 꼭 기억하세요.

☐ 나는 커피 마시기를 원해.   ☐ 우리는 커피 마시기를 원해.

☐ 나는 집에 가기를 원해.   ☐ 우리는 집에 가기를 원해.

☐ 나는 해외 여행하기를 원해.   ☐ 우리는 해외 여행하기를 원해.

☐ 나는 음악가가 되기를 원해.   ☐ 우리는 음악가가 되기를 원해.

☐ 나는 소방관이 되기를 원해.   ☐ 우리는 소방관이 되기를 원해.

☐ 나는 그들을 보기를 원해.   ☐ 우리는 그들을 보기를 원해.

☐ 나는 그를 보기를 원해.   ☐ 우리는 그를 보기를 원해.

☐ 나는 그녀를 보기를 원해.   ☐ 우리는 그녀를 보기를 원해.

☐ 나는 강아지를 갖기를 원해.   ☐ 우리는 강아지를 갖기를 원해.

☐ 나는 고양이를 갖기를 원해.   ☐ 우리는 고양이를 갖기를 원해.

☐ 나는 강아지를 키우기를 원해.   ☐ 우리는 강아지를 키우기를 원해.

☐ 나는 고양이를 키우기를 원해.   ☐ 우리는 고양이를 키우기를 원해.

- ☐ 그들은 고양이를 키우기를 원해.
- ☐ 그들은 강아지를 키우기를 원해.
- ☐ 그들은 나를 보기를 원해.
- ☐ 그들은 그를 보기를 원해.
- ☐ 그들은 해외 여행하기를 원해.
- ☐ 그들은 집에 가기를 원해.
- ☐ 그는 음악가가 되기를 원해.
- ☐ 그는 소방관이 되기를 원해.
- ☐ 그는 그들을 보기를 원해.
- ☐ 그는 해외 여행하기를 원해.
- ☐ 그는 여행 계획하기를 원해.
- ☐ 그는 집에 가기를 원해.
- ☐ 그녀는 강아지를 갖기를 원해.
- ☐ 그녀는 고양이를 갖기를 원해.
- ☐ 그녀는 선생님이 되기를 원해.
- ☐ 그녀는 요리사가 되기를 원해.
- ☐ 그녀는 커피 마시기를 원해.
- ☐ 그녀는 집에 가기를 원해.
- ☐ 시원이는 해외 여행하기를 원해.
- ☐ 레이첼은 강아지를 갖기를 원해.

- ☐ 나는 커피 마시기를 원치 않아.
- ☐ 나는 고양이를 갖기를 원치 않아.
- ☐ 나는 그들을 보기를 원치 않아.
- ☐ 나는 해외 여행하기를 원치 않아.
- ☐ 나는 집에 가기를 원치 않아.
- ☐ 우리는 집에 가기를 원치 않아.
- ☐ 나는 강아지를 키우기를 원치 않아.
- ☐ 그들은 고양이를 키우기를 원치 않아.
- ☐ 그들은 그녀를 보기를 원치 않아.
- ☐ 그는 해외 여행하기를 원치 않아.
- ☐ 그녀는 그들을 보기를 원치 않아.
- ☐ 너는 커피 마시기를 원하니?
- ☐ 너는 나를 보기를 원하니?
- ☐ 너는 강아지를 키우기를 원하니?
- ☐ 너는 해외 여행하기를 원하니?
- ☐ 너는 매운 음식 먹기를 원하니?
- ☐ 그들은 고양이를 갖기를 원하니?
- ☐ 그는 집에 가기를 원하니?
- ☐ 그는 나를 보기를 원하니?
- ☐ 그녀는 요리사가 되기를 원하니?

STEP 4 확장해서 길~게 말하기

 이번엔 앞서 배운 문장들을 좀 더 길게 확장해서 말하는 연습을 해 봅시다. **QR코드**를 찍어 영어 문장들을 듣고 따라 말하며 박스(□)에 체크 표시도 해 나가세요.

문장 확장 팁

이번엔 앞서 배웠던 다양한 전치사 및 접속사(and, but, with, after)와 더불어 다양한 부사 표현들(at all, so much)을 '주어+want+to-동사+(목적어)'라는 문장 구조에 덧붙여 좀 더 길게 말하는 연습을 해 봅시다.

☐	I want to go home **and** sleep.	나는 집에 가**서** 자길 원해.
☐	I want to have a pet **and** raise it.	나는 애완동물을 갖**고** 그걸 키우길 원해.
☐	I want to go there **and** see you.	나는 거기에 가**서** 너를 보길 원해.
☐	I want to rest, **but** I have to work.	나는 쉬기를 원하지**만**, 일해야 해.
☐	I want to leave, **but** I have to stay.	나는 떠나길 원하지**만**, 머물러야 해.
☐	He wants to sleep, **but** he can't.	그는 자길 원하지**만**, 그럴 수 없어.
☐	He doesn't want to leave **at all**.	그는 떠나길 **전혀** 원하지 않아.
☐	She doesn't want to cook **at all**.	그녀는 요리하길 **전혀** 원하지 않아.
☐	She wants to see him **so much**.	그녀는 그를 보기를 **아주 많이** 원해.
☐	We want to travel **so much**.	우리는 여행하기를 **아주 많이** 원해.
☐	We want to drink coffee **with** you.	우리는 너**와 함께** 커피 마시길 원해.
☐	I want to watch a movie **with** him.	나는 그**와 함께** 영화 보기를 원해.
☐	They want to work out **after** work.	그들은 업무[퇴근] **후에** 운동하길 원해.
☐	They want to play **after** school.	그들은 학교[방과] **후에** 놀기를 원해.

1초 만에 빠르게 — 우리말로 해석하기

앞서 말해 봤던 긴 영어 문장들을 1초 만에 빠르게 우리말로 해석해서 말해 보세요.

☐	I want to go home **and** sleep.	☐	She doesn't want to cook **at all**.
☐	I want to have a pet **and** raise it.	☐	She wants to see him **so much**.
☐	I want to go there **and** see you.	☐	We want to travel **so much**.
☐	I want to rest, **but** I have to work.	☐	We want to drink coffee **with** you.
☐	I want to leave, **but** I have to stay.	☐	I want to watch a movie **with** him.
☐	He wants to sleep, **but** he can't.	☐	They want to work out **after** work.
☐	He doesn't want to leave **at all**.	☐	They want to play **after** school.

1초 만에 빠르게 — 영어로 말하기

이번엔 반대로 아래의 우리말 문장들을 1초 만에 빠르게 영어로 바꿔서 말해 보세요.

☐	나는 집에 가**서** 자길 원해.	☐	그녀는 요리하길 **전혀** 원하지 않아.
☐	나는 애완동물을 갖**고** 그걸 키우길 원해.	☐	그녀는 그를 보기를 **아주 많이** 원해.
☐	나는 거기에 가**서** 너를 보길 원해.	☐	우리는 여행하기를 **아주 많이** 원해.
☐	나는 쉬기를 원하지**만**, 일해야 해.	☐	우리는 너**와 함께** 커피 마시길 원해.
☐	나는 떠나길 원하지**만**, 머물러야 해.	☐	나는 그**와 함께** 영화 보기를 원해.
☐	그는 자길 원하지**만**, 그럴 수 없어.	☐	그들은 업무[퇴근] **후에** 운동하길 원해.
☐	그는 떠나길 **전혀** 원하지 않아.	☐	그들은 학교[방과] **후에** 놀기를 원해.

"Great job
on finishing Lesson 18!
Congratulations!"

기적의 말하기 기초영어법

19강

When 언제 + **do you drink coffee?** 너는 커피를 마시니?

When do you drink coffee?
너는 언제 커피를 마시니?

단어연결법 익히기

시원쌤 TALK 지금까지 우린 'Yes(네), No(아니오)'라고만 답할 수 있는 'Yes/No 의문문'을 만들어 왔습니다. 그럼 이번 시간엔 '누가(who), 언제(when), 어디서(where), 무엇을(what), 어떻게(how), 왜(why)'라는 의문사가 붙은 '의문사 의문문'을 만들어 보겠습니다. 일단 'when, where, how'라는 의문사를 활용해 의문문을 만들어 볼까요?

단어연결법 1 When+Do/Does/Did 의문문?

의문사 의문문을 만드는 방법은 간단합니다. 앞서 배웠던 '**Yes/No 의문문**' 앞에 의문사를 붙이기만 하면 되니까요. 그럼 '**Do/Does/Did 의문문**'에 '**when**(언제)'란 의문사를 붙여서 '언제 ~하니/했니?'라는 뜻의 의문사 의문문부터 만들어 봅시다.

When	+	Do/Does/Did 의문문
언제		_____ 하니/했니?

When	+	do you drink coffee?
언제		너는 커피를 마시니?

When	+	does he start work?
언제		그는 일을 시작하니?

When	+	did they finish work?
언제		그들이 일을 끝냈니?

단어연결법 2   Where+Do/Does/Did 의문문?

이번엔 'where(어디서)'라는 의문사를 'Do/Does/Did 의문문'에 붙여서 '어디서 ~하니/했니?'라는 뜻의 의문사 의문문을 만들어 봅시다. 주어가 무엇인지에 주의하면서 현재 시제 의문사 의문문, 과거 시제 의문사 의문문을 만들어 보세요.

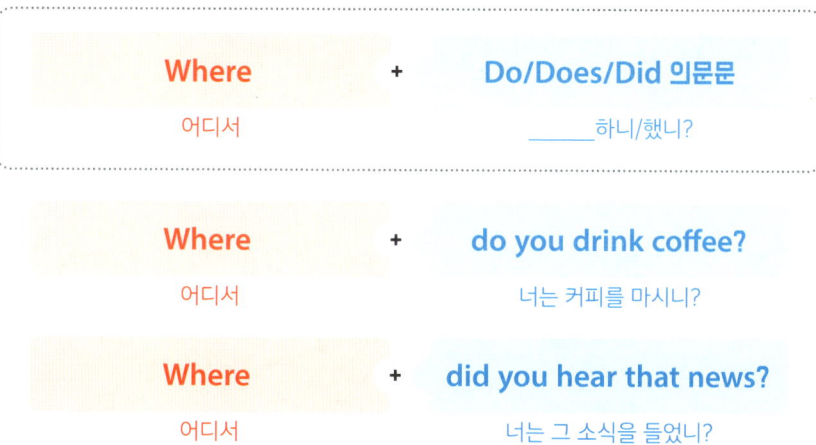

단어연결법 3   How+Do/Does/Did 의문문?

이번엔 'how(어떻게)'라는 의문사를 'Do/Does/Did 의문문'에 붙여서 '어떻게 ~하니/했니?'라는 뜻의 의문사 의문문을 만들어 봅시다. 이 역시 주어가 무엇인지에 주의하면서 현재 시제 의문사 의문문, 과거 시제 의문사 의문문을 만들어 보세요.

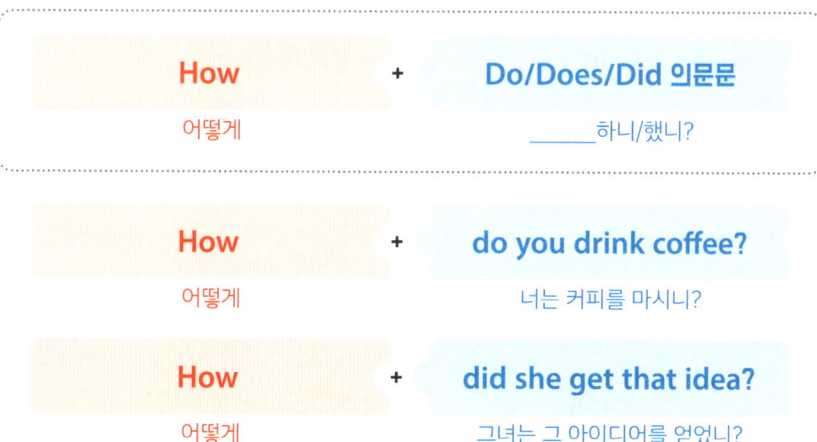

STEP 1 단어연결법 적용하기

1단계 단어 익히기

QR코드를 찍어 단어들을 듣고 따라 말하며 머릿속에 새기세요. (3회 반복)

start	시작하다	news	소식
finish	끝내다	meeting	회의
hear	듣다	idea	아이디어
get	얻다, 구하다	shoes	신발
fix	고치다	dress	원피스
go to bed	자러 가다	problem	문제

2단계 단어연결법으로 문장 만들기

단어연결법으로 만든 문장들을 듣고 따라 말하고, 우리말 해석을 보며 다시 영작해 보세요. (3회 반복)

When do you drink coffee?	너는 언제 커피를 마시니?
When do you start work?	너는 언제 일을 시작하니?
Where do you drink coffee?	너는 어디서 커피를 마시니?
Where did you hear the news?	너는 어디서 그 소식을 들었니?
How do you drink coffee?	너는 어떻게 커피를 마시니?
How did you get that idea?	너는 어떻게 그 아이디어를 얻었니?

234 기적의 말하기 기초영어법

When do we start the meeting?	우리는 언제 회의를 시작하나요?
When do we finish the meeting?	우리는 언제 회의를 끝내나요?
When do they finish work?	그들은 언제 일을 끝내?
When do they go to bed?	그들은 언제 자러 가?
Where did they hear the news?	그들은 어디서 그 소식을 들었대?
Where did they get that idea?	그들은 어디서 그 아이디어를 얻었대?
How did they fix the problem?	그들은 어떻게 그 문제를 고쳤대?
How did they start the meeting?	그들은 어떻게 회의를 시작했대?
When does he start work?	그는 언제 일을 시작해?
When does he finish work?	그는 언제 일을 끝내?
Where did he hear the news?	그는 어디서 그 소식을 들었대?
Where did he start the meeting?	그는 어디서 회의를 시작했어?
How did he get that idea?	그는 어떻게 그 아이디어를 얻었대?
How did he get those shoes?	그는 어떻게 그 신발을 구했대?
When did she finish the meeting?	그녀는 언제 회의를 끝냈대?
When does she go to bed?	그녀는 언제 자러 가?
Where did she get that dress?	그녀는 어디서 그 원피스를 구했대?
Where did she hear the news?	그녀는 어디서 그 소식을 들었대?
How did she get that idea?	그녀는 어떻게 그 아이디어를 얻었대?
How did she fix the problem?	그녀는 어떻게 그 문제를 고쳤대?

STEP 2 1초 만에 우리말로 해석하기

 QR코드를 찍어 아래의 영어 문장들을 쭉 들으며 **1초** 만에 우리말로 해석하고, 말하면서 박스 (□)에 체크 표시를 해 나가세요. (우리말 해설 정답은 **p. 238~239** 참고)

꼭 명심해 주세요

1. 반드시 "소리 내어" 말하세요. **(ex)** "**I drink**"를 듣고 "나는 마셔"라고 소리 내어 말할 것!
2. 쉼 없이 스피디하게 쭉~ 말하면서 진행해야 효과가 좋습니다.
3. 많이 말하면 말할수록 영문의 뜻이 머릿속에 새겨진다는 걸 꼭 기억하세요.

☐ **When** do you drink coffee?
☐ **When** do you start work?
☐ **When** do you finish work?
☐ **When** did you start work?
☐ **When** did you finish work?
☐ **When** do you go to bed?
☐ **When** did you go to bed?
☐ **When** did you hear the news?
☐ **Where** do you drink coffee?
☐ **Where** did you drink coffee?
☐ **Where** did you hear the news?
☐ **Where** did you fix your phone?

☐ **Where** did you get that dress?
☐ **Where** did you get those shoes?
☐ **Where** did you get that idea?
☐ **Where** did you fix the problem?
☐ **How** do you drink coffee?
☐ **How** do you make coffee?
☐ **How** did you get those shoes?
☐ **How** did you get that dress?
☐ **How** did you get that idea?
☐ **How** did you fix the problem?
☐ **How** did you fix your problem?
☐ **How** did you fix your laptop?

- [ ] **When** do we start the meeting?
- [ ] **When** do we finish the meeting?
- [ ] **Where** do we start work?
- [ ] **Where** do we finish work?
- [ ] **When** do they start work?
- [ ] **When** do they finish work?
- [ ] **When** do they go to bed?
- [ ] **When** did they hear the news?
- [ ] **When** did they finish the meeting?
- [ ] **Where** did they hear the news?
- [ ] **Where** did they get that idea?
- [ ] **Where** did they fix the problem?
- [ ] **Where** did they drink coffee?
- [ ] **Where** did they eat lunch?
- [ ] **Where** did they get those shoes?
- [ ] **Where** did they get that dress?
- [ ] **How** did they fix the problem?
- [ ] **How** did they fix their problem?
- [ ] **How** did they get that idea?
- [ ] **How** did they start the meeting?
- [ ] **When** does he start work?
- [ ] **When** does he finish work?
- [ ] **When** did he go to bed?
- [ ] **Where** did he hear the news?
- [ ] **Where** did he start the meeting?
- [ ] **When** did Siwon go home?
- [ ] **Where** did he eat dinner?
- [ ] **How** did he get that idea?
- [ ] **How** did he get those shoes?
- [ ] **How** did he fix the problem?
- [ ] **When** did she start the meeting?
- [ ] **When** did she finish the meeting?
- [ ] **When** does she go to bed?
- [ ] **When** did Rachel go to bed?
- [ ] **Where** did she get that dress?
- [ ] **Where** did she hear the news?
- [ ] **Where** did she eat lunch?
- [ ] **How** did she get that idea?
- [ ] **How** did she fix the problem?
- [ ] **How** does she drink coffee?

STEP 3 · 1초 만에 영어로 말하기

 음원_094

이번엔 **QR** 코드를 찍어 우리말 문장들을 듣고 읽으면서 **1초** 만에 다시 영작해서 말하고, 말하면서 박스(□)에 체크 표시를 해 나가세요. (영작 정답은 **P. 236~237** 참고)

🎯 꼭 명심해 주세요

1. 반드시 "소리 내어" 말하세요. **(ex)** "나는 마셔"를 보고 "**I drink**"라고 소리 내어 말할 것!
2. 쉼 없이 스피디하게 쭉~ 말하면서 진행해야 효과가 좋습니다.
3. 많이 말하면 말할수록 영어 입 근육이 만들어진다는 걸 꼭 기억하세요.

- □ 너는 언제 커피를 마시니?
- □ 너는 언제 일을 시작하니?
- □ 너는 언제 일을 끝내니?
- □ 너는 언제 일을 시작했니?
- □ 너는 언제 일을 끝냈니?
- □ 너는 언제 자러 가니?
- □ 너는 언제 자러 갔니?
- □ 너는 언제 그 소식을 들었니?
- □ 너는 어디서 커피를 마시니?
- □ 너는 어디서 커피를 마셨니?
- □ 너는 어디서 그 소식을 들었니?
- □ 너는 어디서 너의 전화기를 고쳤니?

- □ 너는 어디서 그 원피스를 구했니?
- □ 너는 어디서 그 신발을 구했니?
- □ 너는 어디서 그 아이디어를 구했니?
- □ 너는 어디서 그 문제를 고쳤니?
- □ 너는 어떻게 커피를 마시니?
- □ 너는 어떻게 커피를 만드니?
- □ 너는 어떻게 그 신발을 구했니?
- □ 너는 어떻게 그 원피스를 구했니?
- □ 너는 어떻게 그 아이디어를 구했니?
- □ 너는 어떻게 그 문제를 고쳤니?
- □ 너는 어떻게 너의 문제를 고쳤니?
- □ 너는 어떻게 너의 노트북을 고쳤니?

- ☐ 우리는 언제 회의를 시작하나요?
- ☐ 우리는 언제 회의를 끝내나요?
- ☐ 우리는 어디서 일을 시작하나요?
- ☐ 우리는 어디서 일을 끝내나요?
- ☐ 그들은 언제 일을 시작해?
- ☐ 그들은 언제 일을 끝내?
- ☐ 그들은 언제 자러 가?
- ☐ 그들은 언제 그 소식을 들었니?
- ☐ 그들은 언제 회의를 끝냈니?
- ☐ 그들은 어디서 그 소식을 들었대?
- ☐ 그들은 어디서 그 아이디어를 얻었대?
- ☐ 그들은 어디서 그 문제를 고쳤대?
- ☐ 그들은 어디서 커피를 마셨니?
- ☐ 그들은 어디서 점심을 먹었니?
- ☐ 그들은 어디서 그 신발을 구했대?
- ☐ 그들은 어디서 그 원피스를 구했대?
- ☐ 그들은 어떻게 그 문제를 고쳤대?
- ☐ 그들은 어떻게 그들의 문제를 고쳤대?
- ☐ 그들은 어떻게 그 아이디어를 얻었대?
- ☐ 그들은 어떻게 회의를 시작했대?

- ☐ 그는 언제 일을 시작해?
- ☐ 그는 언제 일을 끝내?
- ☐ 그는 어제 자러 갔니?
- ☐ 그는 어디서 그 소식을 들었대?
- ☐ 그는 어디서 회의를 시작했니?
- ☐ 시원이는 언제 집에 갔니?
- ☐ 그는 어디서 저녁을 먹었니?
- ☐ 그는 어떻게 그 아이디어를 얻었대?
- ☐ 그는 어떻게 그 신발을 구했대?
- ☐ 그는 어떻게 그 문제를 고쳤대?
- ☐ 그녀는 언제 회의를 시작했대?
- ☐ 그녀는 언제 회의를 끝냈대?
- ☐ 그녀는 언제 자러 가?
- ☐ 레이첼은 언제 자러 갔니?
- ☐ 그녀는 어디서 그 원피스를 구했대?
- ☐ 그녀는 어디서 그 소식을 들었대?
- ☐ 그녀는 어디서 점심을 먹었대?
- ☐ 그녀는 어떻게 그 아이디어를 얻었대?
- ☐ 그녀는 어떻게 문제를 고쳤대?
- ☐ 그녀는 어떻게 커피를 마셔?

STEP 4 확장해서 길~게 말하기

이번엔 앞서 배운 문장들을 좀 더 길게 확장해서 말하는 연습을 해 봅시다. **QR코드**를 찍어 영어 문장들을 듣고 따라 말하며 박스(□)에 체크 표시도 해 나가세요.

문장 확장 팁

이번엔 앞서 배웠던 '**want to**-동사(~하길 원하다), **have to**-동사(~해야 한다)'라는 표현들을 '**when, where, how**' 의문사 의문문에 접목시켜서 문장을 좀 더 길게 말하는 연습을 해 봅시다.

☐	When do you want to leave?	너는 언제 떠나길 원하니?
☐	When do you want to travel?	너는 언제 여행하길 원하니?
☐	When do you want to see me?	너는 언제 나를 보길 원하니?
☐	When do I have to go there?	내가 언제 거기에 가야 해?
☐	When do I have to leave here?	내가 언제 여기서 떠나야 해?
☐	Where do we have to go?	우리가 어디로 가야 해?
☐	Where did you want to work?	너는 어디에서 일하길 원했니?
☐	Where did he want to meet you?	그는 어디에서 너를 만나길 원했니?
☐	Where did she want to live?	그녀는 어디에서 살기를 원했니?
☐	Where did you have to go?	너는 어디로 가야 했니?
☐	How did you have to finish it?	너는 어떻게 그것을 끝내야 했어?
☐	How did she have to make it?	그녀는 어떻게 그것을 만들어야 했어?
☐	How do you want to change it?	너는 그것을 어떻게 바꾸길 원해?
☐	How does he want to sell it?	그는 그것을 어떻게 팔기를 원해?

⚡ 1초 만에 빠르게 — 우리말로 해석하기

앞서 말해 봤던 긴 영어 문장들을 1초 만에 빠르게 우리말로 해석해서 말해 보세요.

☐ When **do** you **want to** leave**?**	☐ Where **did** he **want to** meet you**?**
☐ When **do** you **want to** travel**?**	☐ Where **did** she **want to** live**?**
☐ When **do** you **want to** see me**?**	☐ Where **did** you **have to** go**?**
☐ When **do** I **have to** go there**?**	☐ How **did** you **have to** finish it**?**
☐ When **do** I **have to** leave here**?**	☐ How **did** she **have to** make it**?**
☐ Where **do** we **have to** go**?**	☐ How **do** you **want to** change it**?**
☐ Where **did** you **want to** work**?**	☐ How **does** he **want to** sell it**?**

⚡ 1초 만에 빠르게 — 영어로 말하기

이번엔 반대로 아래의 우리말 문장들을 1초 만에 빠르게 영어로 바꿔서 말해 보세요.

☐ 너는 언제 떠나**길 원하니?**	☐ 그는 어디에서 너를 만나**길 원했니?**
☐ 너는 언제 여행하**길 원하니?**	☐ 그녀는 어디에서 살기**를 원했니?**
☐ 너는 언제 나를 보**길 원하니?**	☐ 너는 어디로 가**야 했니?**
☐ 내가 언제 거기에 가**야 해?**	☐ 너는 어떻게 그것을 끝내**야 했어?**
☐ 내가 언제 여기서 떠나**야 해?**	☐ 그녀는 어떻게 그것을 만들어**야 했어?**
☐ 우리가 어디로 가**야 해?**	☐ 너는 그것을 어떻게 바꾸**길 원해?**
☐ 너는 어디에서 일하**길 원했니?**	☐ 그는 그것을 어떻게 팔기**를 원해?**

"Great job
on finishing Lesson 19!
Congratulations!"

기적의 말하기 기초영어법

20강

What 무엇을 + **are you drinking?** 너는 마시고 있니?

What are you drinkng?
너는 뭘 마시고 있니?

단어연결법 익히기

시원쌤 TALK 이번 시간엔 'what(무엇을), who(누구를, 누구와), why(왜)'라는 의문사를 활용하여 의문문을 만들어 보겠습니다. 19강에선 'Do/Does/Did 의문문(~하니/했니?)'에 의문사를 붙여서 의문사 의문문을 만들어 보았다면, 20강에선 '현재/과거 진행 시제 의문문(~하고 있니/있었니?)'에 'what, who, why'를 붙여서 의문사 의문문을 만들어 보겠습니다.

단어연결법 1   What+현재/과거 진행 시제 의문문?

what이 붙은 의문사 의문문을 만들 땐 주의해야 합니다. 'what(무엇을)'은 what 뒤에 나오는 'Yes/No 의문문'의 목적어에 해당하기 때문에 what 뒤의 'Yes/No 의문문'에서 목적어는 생략하고 말해야 합니다(ex: 'drink coffee'에서 coffee 삭제)

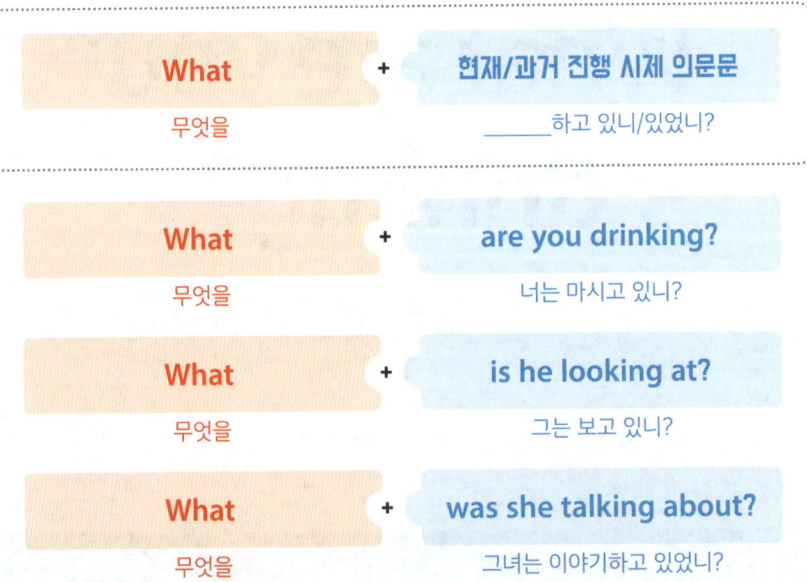

| What | + | 현재/과거 진행 시제 의문문 |
| 무엇을 | | _____하고 있니/있었니? |

| What | + | are you drinking? |
| 무엇을 | | 너는 마시고 있니? |

| What | + | is he looking at? |
| 무엇을 | | 그는 보고 있니? |

| What | + | was she talking about? |
| 무엇을 | | 그녀는 이야기하고 있었니? |

🔗 단어연결법 2   Who+현재/과거 진행 시제 의문문?

who가 나오는 의문사 의문문 역시 주의해야 합니다. who는 '누구를, 누구와'와 같이 어떠한 행동을 '가한' 대상이 될 수도 있고 어떠한 행동을 '같이 한' 대상일 수도 있기 때문에 문장 끝에 'with(~와), for(~을·를)'과 같은 전치사를 붙여야 말해야 합니다.

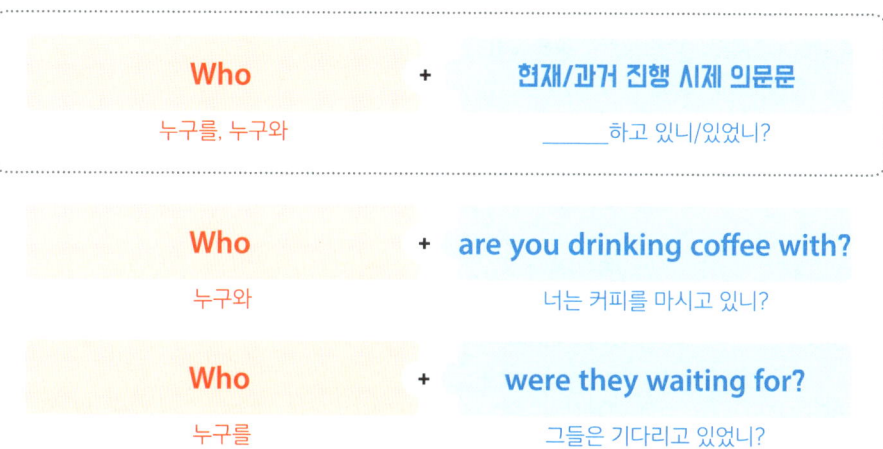

🔗 단어연결법 3   Why+현재/과거 진행 시제 의문문?

why는 말 그대로 어떠한 행위에 대한 '이유'를 묻는 질문을 할 때 쓰는 의문사입니다. 만드는 방법은 매우 간단합니다. 모든 형태의 'Yes/No 의문문' 앞에 붙이기만 하면 '왜' 어떠한 행동을 했고 왜 어떠한 일이 발생했는지 물을 수 있습니다.

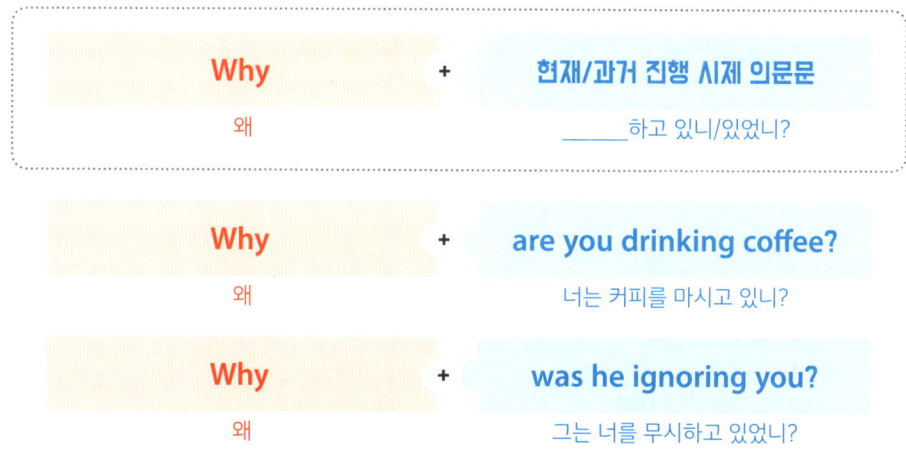

STEP 1 단어연결법 적용하기

🔬 1단계 단어 익히기

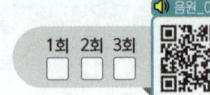

QR코드를 찍어 단어들을 듣고 따라 말하며 머릿속에 새기세요. (3회 반복)

look at	~을·를 보다	look for	~을·를 찾다
stare at	~을·를 빤히 보다	ignore	무시하다
talk to	~와 이야기하다	laugh	웃다
talk about	~에 대해 이야기하다	cry	울다
think about	~에 대해 생각하다	argue	다투다, 논쟁하다
wait for	~을·를 기다리다	have	먹다, 마시다

🔬 2단계 단어연결법으로 문장 만들기

단어연결법으로 만든 문장들을 듣고 따라 말하고, 우리말 해석을 보며 다시 영작해 보세요. (3회 반복)

What are you drinking?	너는 무엇을 마시고 있니?
What are you looking at?	너는 무엇을 보고 있니?
Who are you talking to?	너는 누구와 이야기하고 있니?
Who are you waiting for?	너는 누구를 기다리고 있니?
Why are you laughing?	너는 왜 웃고 있니?
Why are you ignoring me?	너는 왜 나를 무시하고 있니?

What are you thinking about?	너는 무엇을 생각하고 있니?
What are we waiting for?	우리는 무엇을 기다리고 있는 걸까?
What are they talking about?	그들은 무엇을 이야기하고 있니?
What are they looking at?	그들은 무엇을 보고 있니?
Who are they starting at?	그들은 누구를 빤히 보고 있니?
Who are they waiting for?	그들은 누구를 기다리고 있니?
Why are they arguing?	그들은 왜 다투고 있니?
Why are they ignoring me?	그들은 왜 나를 무시하고 있니?
What is he thinking about?	그는 무엇을 생각하고 있니?
What is he talking about?	그는 무엇을 이야기하고 있니?
Who is he talking to?	그는 누구와 이야기하고 있니?
Who is he looking for?	그는 누구를 찾고 있니?
Why is he crying?	그는 왜 울고 있니?
Why is he laughing?	그는 왜 웃고 있니?
What is she looking at?	그녀는 무엇을 보고 있니?
What is she waiting for?	그녀는 무엇을 기다리고 있니?
Who is she having dinner with?	그녀는 누구와 저녁을 먹고 있니?
Who is she arguing with?	그녀는 누구와 다투고 있니?
Why is she ignoring me?	그녀는 왜 나를 무시하고 있니?
Why is she staring at me?	그녀는 왜 나를 빤히 보고 있니?

STEP 2 1초 만에 우리말로 해석하기

QR코드를 찍어 아래의 영어 문장들을 쭉 들으며 1초 만에 우리말로 해석하고, 말하면서 박스(□)에 체크 표시를 해 나가세요.(우리말 해설 정답은 p. 250~251 참고)

꼭 명심해 주세요

1. 반드시 "소리 내어" 말하세요. **(ex)** "**I drink**"를 듣고 "나는 마셔"라고 소리 내어 말할 것!
2. 쉼 없이 스피디하게 쭉~ 말하면서 진행해야 효과가 좋습니다.
3. 많이 말하면 말할수록 영문의 뜻이 머릿속에 새겨진다는 걸 꼭 기억하세요.

☐ **What** are you drinking?

☐ **What** are you eating?

☐ **What** are you making?

☐ **What** are you looking at?

☐ **What** are you staring at?

☐ **What** are you talking about?

☐ **What** are you thinking about?

☐ **What** are you looking for?

☐ **Who** are you looking at?

☐ **Who** are you staring at?

☐ **Who** are you talking to?

☐ **Who** are you waiting for?

☐ **Who** are you looking for?

☐ **Who** are you thinking about?

☐ **Who** are you arguing with?

☐ **Who** are you drinking coffee with?

☐ **Why** are you looking at me?

☐ **Why** are you staring at me?

☐ **Why** are you laughing?

☐ **Why** are you crying?

☐ **Why** are you ignoring me?

☐ **Why** are you arguing with her?

☐ **Why** are you waiting for him?

☐ **Why** are you talking to me?

- **What** are we waiting for?
- **What** are we talking about?
- **Who** are we looking for?
- **Why** are we arguing?
- **What** are they talking about?
- **What** are they looking at?
- **What** are they staring at?
- **What** are they thinking about?
- **What** are they looking for?
- **Who** are they starting at?
- **Who** are they waiting for?
- **Who** are they arguing with?
- **Who** are they talking to?
- **Who** are they drinking coffee with?
- **Why** are they arguing?
- **Why** are they crying?
- **Why** are they laughing?
- **Why** are they waiting for me?
- **Why** are they ignoring me?
- **Why** are they staring at her?

- **What** is he thinking about?
- **What** is he talking about?
- **What** is he looking at?
- **What** is he looking for?
- **Who** is he talking to?
- **Who** is he waiting for?
- **Who** is he arguing with?
- **Why** is he crying?
- **Why** is he laughing?
- **Why** is he ignoring me?
- **What** is she looking at?
- **What** is she waiting for?
- **What** is she talking about?
- **What** is she staring at?
- **Who** is she arguing with?
- **Who** is she drinking coffee with?
- **Who** is she having dinner with?
- **Why** is she ignoring me?
- **Why** is she staring at me?
- **Why** is she waiting for him?

STEP 3 · 1초 만에 영어로 말하기

 이번엔 QR 코드를 찍어 우리말 문장들을 듣고 읽으면서 1초 만에 다시 영작해서 말하고, 말하면서 박스(□)에 체크 표시를 해 나가세요. (영작 정답은 P. 248~249 참고)

🎯 꼭 명심해 주세요

1. 반드시 "소리 내어" 말하세요. (ex) "나는 마셔"를 보고 "I drink"라고 소리 내어 말할 것!
2. 쉼 없이 스피디하게 쭉~ 말하면서 진행해야 효과가 좋습니다.
3. 많이 말하면 말할수록 영어 입 근육이 만들어진다는 걸 꼭 기억하세요.

- □ 너는 무엇을 마시고 있니?
- □ 너는 무엇을 먹고 있니?
- □ 너는 무엇을 만들고 있니?
- □ 너는 무엇을 보고 있니?
- □ 너는 무엇을 빤히 보고 있니?
- □ 너는 무엇을 이야기하고 있니?
- □ 너는 무엇을 생각하고 있니?
- □ 너는 무엇을 찾고 있니?
- □ 너는 누구를 보고 있니?
- □ 너는 누구를 빤히 보고 있니?
- □ 너는 누구와 이야기하고 있니?
- □ 너는 누구를 기다리고 있니?

- □ 너는 누구를 찾고 있니?
- □ 너는 누구를 생각하고 있니?
- □ 너는 누구와 다투고 있니?
- □ 너는 누구와 커피를 마시고 있니?
- □ 너는 왜 나를 보고 있니?
- □ 너는 왜 나를 빤히 보고 있니?
- □ 너는 왜 웃고 있니?
- □ 너는 왜 울고 있니?
- □ 너는 왜 나를 무시하고 있니?
- □ 너는 왜 그녀와 다투고 있니?
- □ 너는 왜 그를 기다리고 있니?
- □ 너는 왜 나와 이야기하고 있니?

☐	우리는 무엇을 기다리고 있는 걸까?	☐	그는 무엇을 생각하고 있니?
☐	우리가 무엇을 이야기하고 있는 걸까?	☐	그는 무엇을 이야기하고 있니?
☐	우리는 누구를 찾고 있는 걸까?	☐	그는 무엇을 보고 있니?
☐	우리가 왜 다투고 있는 걸까?	☐	그는 무엇을 찾고 있니?
☐	그들은 무엇을 이야기하고 있니?	☐	그는 누구와 이야기하고 있니?
☐	그들은 무엇을 보고 있니?	☐	그는 누구를 기다리고 있니?
☐	그들은 무엇을 빤히 보고 있니?	☐	그는 누구와 다투고 있니?
☐	그들은 무엇을 생각하고 있니?	☐	그는 왜 울고 있니?
☐	그들은 무엇을 찾고 있니?	☐	그는 왜 웃고 있니?
☐	그들은 누구를 빤히 보고 있니?	☐	그는 왜 나를 무시하고 있니?
☐	그들은 누구를 기다리고 있니?	☐	그녀는 무엇을 보고 있니?
☐	그들은 누구와 다투고 있니?	☐	그녀는 무엇을 기다리고 있니?
☐	그들은 누구와 이야기하고 있니?	☐	그녀는 무엇을 이야기하고 있니?
☐	그들은 누구와 커피를 마시고 있니?	☐	그녀는 무엇을 빤히 보고 있니?
☐	그들은 왜 다투고 있니?	☐	그녀는 누구와 다투고 있니?
☐	그들은 왜 울고 있니?	☐	그녀는 누구와 커피를 마시고 있니?
☐	그들은 왜 웃고 있니?	☐	그녀는 누구와 저녁을 먹고 있니?
☐	그들은 왜 나를 기다리고 있니?	☐	그녀는 왜 나를 무시하고 있니?
☐	그들을 왜 나를 무시하고 있니?	☐	그녀는 왜 나를 빤히 보고 있니?
☐	그들은 왜 그녀를 빤히 보고 있니?	☐	그녀는 왜 그를 기다리고 있니?

STEP 4 확장해서 길~게 말하기

음원_100

이번엔 앞서 배운 문장들을 좀 더 길게 확장해서 말하는 연습을 해 봅시다. **QR**코드를 찍어 영어 문장들을 듣고 따라 말하며 박스(□)에 체크 표시도 해 나가세요.

📢 문장 확장 팁

이번에 현재 진행 시제 문장과 잘 쓰이는 시간 표현들(**right now, currently, these days**) 및 '**like that**(그렇게)'라는 새로운 표현을 활용하여 'what, who, why' 의문사 의문문을 길게 말하는 연습을 해 봅시다.

☐	What are you drinking **right now**?	너는 **지금** 무엇을 마시고 있니?
☐	What is he cooking **right now**?	그는 **지금** 무엇을 요리하고 있니?
☐	What is he **currently** learning?	그는 **현재** 무엇을 배우고 있니?
☐	What is she **currently** teaching?	그녀는 **현재** 무엇을 가르치고 있니?
☐	What is she studying **these days**?	그녀는 **요새** 무엇을 공부하고 있니?
☐	Who are you dating **these days**?	너는 **요새** 누구와 데이트하고 있니?
☐	Who is he looking at **right now**?	그는 **지금** 누구를 보고 있니?
☐	Who is he waiting for **right now**?	그는 **지금** 누구를 기다리고 있니?
☐	Who is she **currently** dating?	그녀는 **현재** 누구와 데이트하고 있니?
☐	Who is she **currently** teaching?	그녀는 **현재** 누구를 가르치고 있니?
☐	Why are you laughing **like that**?	너는 왜 **그렇게** 웃고 있니?
☐	Why are you crying **like that**?	너는 왜 **그렇게** 울고 있니?
☐	Why is she smiling **like that**?	그녀는 왜 **그렇게** 미소 짓고 있니?
☐	Why are they arguing **like that**?	그들은 왜 **그렇게** 다투고 있니?

⚡ 1초 만에 빠르게 우리말로 해석하기

앞서 말해 봤던 긴 영어 문장들을 1초 만에 빠르게 우리말로 해석해서 말해 보세요.

- ☐ What are you drinking right now?
- ☐ What is he cooking right now?
- ☐ What is he currently learning?
- ☐ What is she currently teaching?
- ☐ What is she studying these days?
- ☐ Who are you dating these days?
- ☐ Who is he looking at right now?

- ☐ Who is he waiting for right now?
- ☐ Who is she currently dating?
- ☐ Who is she currently teaching?
- ☐ Why are you laughing like that?
- ☐ Why are you crying like that?
- ☐ Why is she smiling like that?
- ☐ Why are they arguing like that?

⚡ 1초 만에 빠르게 영어로 말하기

이번엔 반대로 아래의 우리말 문장들을 1초 만에 빠르게 영어로 바꿔서 말해 보세요.

- ☐ 너는 **지금** 무엇을 마시고 있니?
- ☐ 그는 **지금** 무엇을 요리하고 있니?
- ☐ 그는 **현재** 무엇을 배우고 있니?
- ☐ 그녀는 **현재** 무엇을 가르치고 있니?
- ☐ 그녀는 **요새** 무엇을 공부하고 있니?
- ☐ 너는 **요새** 누구와 데이트하고 있니?
- ☐ 그는 **지금** 누구를 보고 있니?

- ☐ 그는 **지금** 누구를 기다리고 있니?
- ☐ 그녀는 **현재** 누구와 데이트하고 있니?
- ☐ 그녀는 **현재** 누구를 가르치고 있니?
- ☐ 너는 왜 **그렇게** 웃고 있니?
- ☐ 너는 왜 **그렇게** 울고 있니?
- ☐ 그녀는 왜 **그렇게** 미소 짓고 있니?
- ☐ 그들은 왜 **그렇게** 다투고 있니?

"Great job
on finishing Lesson 20!
Congratulations!"

기적의 말하기 기초영어법

01강~20강

단어 + 연결법

Review
총정리

 주어+동사

단어연결법 1   주어+동사

- I drink. = 나는 마셔.
- You drink. = 너는 마셔.
- We/They drink. = 우리는/그들은 마셔.

단어연결법 2   주어(3인칭 단수)+동사-(e)s

- He drinks. = 그는 마셔.
- She drinks. = 그녀는 마셔.
- Siwon goes. = 시원이는 가.

단어연결법 3   주어(3인칭 단수)+동사-(e)s

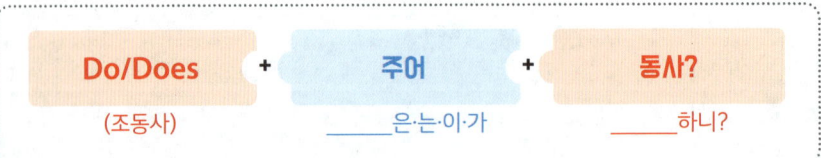

- Do you drink? = 너는 마시니?
- Does he drink? = 그는 마시니?
- Does Siwon drink? = 시원이는 마시니?

02강 주어+don't/doesn't+동사

🔗 단어연결법 1 주어+동사

- I drink. = 나는 마셔.
- You/We/They drink. = 너는/우리는/그들은 마셔.
- He/She/Siwon drinks. = 그는/그녀는/시원이는 마셔.

🔗 단어연결법 2 주어+don't+동사

- I don't drink. = 나는 마시지 않아.
- You don't drink. = 너는 마시지 않아.
- We/They don't drink. = 우리는/그들은 마시지 않아.

🔗 단어연결법 3 주어(3인칭 단수)+doesn't+동사

- He doesn't drink. = 그는 마시지 않아.
- She doesn't drink. = 그녀는 마시지 않아.
- Siwon doesn't drink. = 시원이는 마시지 않아.

03강 주어+동사+목적어

🔗 단어연결법 1 주어+동사+목적어

- I drink coffee. = 나는 커피를 마셔.
- You/We/They drink coffee. = 너는/우리는/그들은 커피를 마셔.
- He/She drinks coffee. = 그는/그녀는 커피를 마셔.

🔗 단어연결법 2 주어+don't/doesn't+동사+목적어

- I/You don't drink coffee. = 나는/너는 커피를 마시지 않아.
- We/They don't drink coffee. = 우리는/그들은 커피를 마시지 않아.
- He/She doesn't drink coffee. = 그는/그녀는 커피를 마시지 않아.

🔗 단어연결법 3 Do/Does+주어+동사+목적어?

- Do you drink coffee? = 너는 커피를 마시니?
- Do they drink coffee? = 그들은 커피를 마시니?
- Does he/she drink coffee? = 그는/그녀는 커피를 마시니?

04강 주어+will+동사+목적어

단어연결법 1 주어+will+동사+목적어

- I will drink coffee. = 나는 커피를 마실 거야.
- We will buy this. = 우리는 이것을 살 거야.
- He/She will learn English. = 그는/그녀는 영어를 배울 거야.

단어연결법 2 주어+won't+동사+목적어

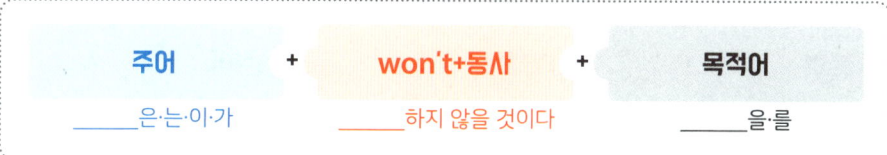

- I won't drink coffee. = 나는 커피를 마시지 않을 거야.
- We won't buy this. = 우리는 이것을 사지 않을 거야.
- He/She won't choose that. = 그는/그녀는 그것을 선택하지 않을 거야.

단어연결법 3 Will+주어+동사+목적어?

- Will you drink coffee? = 너는 커피를 마실 거니?
- Will they buy that? = 그들은 그것을 살 거니?
- Will he/she learn Japanese? = 그는/그녀는 일본어를 배울 거니?

05강 주어+can+동사+목적어

🔗 단어연결법 1 주어+can+동사+목적어

- I can drink coffee. = 나는 커피를 마실 수 있어.
- We can share our food. = 우리는 우리의 음식을 나눌 수 있어.
- You can bring your friend. = 너는 너의 친구를 데려와도 돼.

🔗 단어연결법 2 주어+can't+동사+목적어

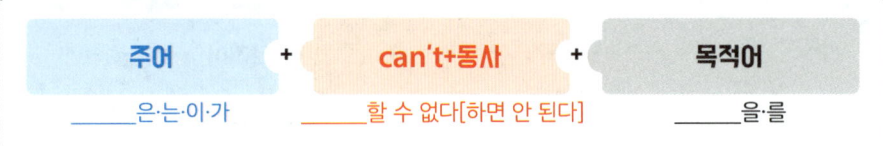

- I can't find it. = 나는 그것을 찾을 수 없어.
- We can't share our food. = 우리는 우리의 음식을 나눌 수 없어.
- You can't touch it. = 너는 그것을 만지면 안 돼.

🔗 단어연결법 3 Can+주어+동사+목적어?

- Can you fix my laptop? = 너는 내 노트북을 고칠 수 있니?
- Can I use your phone? = 내가 네 전화기를 써도 되니?
- Can we use your laptop? = 우리가 네 노트북을 써도 되니?

06강 주어 + must / should / have to + 동사 + 목적어

🔗 단어연결법 1   주어+must/should/have to+동사+목적어

주어	+	must/should/have to+동사	+	목적어
___은·는·이·가		___해야 한다		___을·를

- I must drink coffee. = 나는 커피를 마셔야 해.
- You should save money. = 너는 돈을 아껴야 해.
- We have to follow rules. = 우리는 규칙들을 따라야 해.

🔗 단어연결법 2   주어+must/should not+동사+목적어

주어	+	mustn't/shouldn't+동사	+	목적어
___은·는·이·가		___하면 안 된다		___을·를

- I mustn't drink coffee. = 나는 커피를 마시면 안 돼.
- You shouldn't skip breakfast. = 너는 아침을 거르면 안 돼.
- You shouldn't forget it. = 너는 그것을 잊어버리면 안 돼.

🔗 단어연결법 3   주어+don't/doesn't have to+동사+목적어

주어	+	don't/doesn't have to+동사	+	목적어
___은·는·이·가		___할 필요 없다		___을·를

- You don't have to drink coffee. = 너는 커피를 마실 필요 없어.
- He doesn't have to pay the bill. = 그는 그 청구서를 계산할 필요 없어.
- We don't have to follow rules. = 우리는 규칙을 따를 필요 없어.

07강 주어+might+동사+목적어

🔗 단어연결법 1 주어+might+동사+목적어

- I might drink coffee. = 나는 커피를 마실지도 몰라.
- They might plan a trip. = 그들은 여행을 계획할지도 몰라.
- He might buy a car. = 그는 차를 살지도 몰라.

🔗 단어연결법 2 주어+might not+동사+목적어

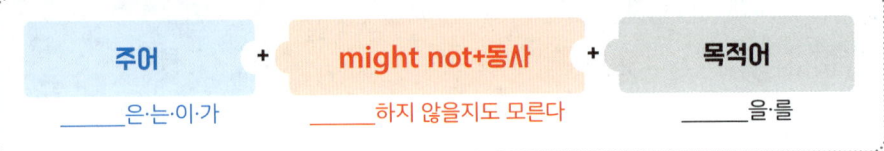

- I might not drink coffee. = 나는 커피를 마시지 않을지도 몰라.
- You might not believe that. = 너는 그것을 믿지 않을지도 몰라.
- She might not buy a car. = 그녀는 차를 사지 않을지도 몰라.

🔗 단어연결법 3 May+I+동사+목적어?

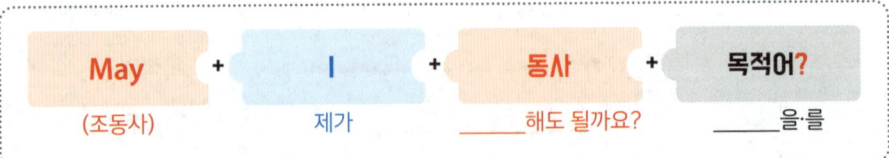

- May I drink coffee? = 제가 커피를 마셔도 될까요?
- May I open the window? = 제가 창문을 열어도 될까요?
- May I close the door? = 제가 문을 닫아도 될까요?

08강 주어+과거 동사+목적어

🔗 단어연결법 1 주어+과거 동사+목적어

- I drank coffee. = 나는 커피를 마셨어.
- We ate lunch. = 우리는 점심을 먹었어.
- He enjoyed the party. = 그는 파티를 즐겼어.

🔗 단어연결법 2 주어+didn't+동사+목적어

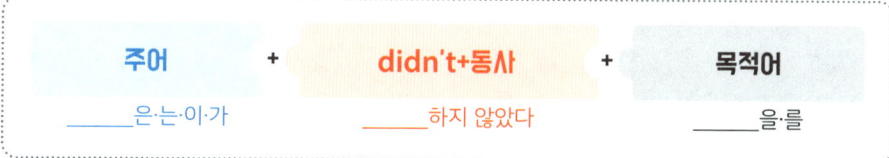

- I didn't drink coffee. = 나는 커피를 마시지 않았어.
- She didn't send the email. = 그녀는 이메일을 보내지 않았어.
- We didn't enjoy the party. = 우리는 파티를 즐기지 않았어.

🔗 단어연결법 3 Did+주어+동사+목적어?

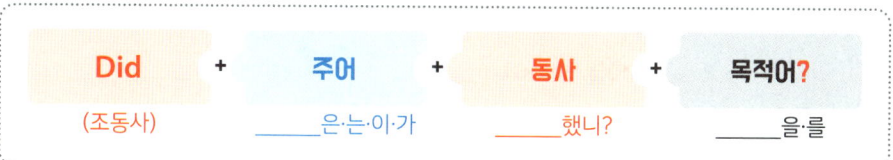

- Did you drink coffee? = 너는 커피를 마셨니?
- Did he tell the truth? = 그가 사실을 말했니?
- Did they enjoy the party? = 그들은 파티를 즐겼니?

09강 주어+am / are / is + 명사

🔗 단어연결법 1 주어(I)+am+명사

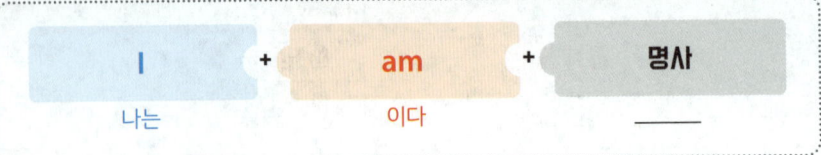

- I am Siwon. = 나는 시원이야.
- I am a student. = 나는 학생이야.
- I am an engineer. = 나는 엔지니어야.

🔗 단어연결법 2 주어+are/is+명사

- We are office workers. = 우리는 회사원이야.
- They are students. = 그들은 학생이야.
- He/She is a kind person. = 그는/그녀는 친절한 사람이야.

🔗 단어연결법 3 주어+be동사+not+명사

- I am not Siwon. = 나는 시원이가 아니야.
- We are not engineers. = 우리는 엔지니어가 아니야.
- He/She is not a rude person. = 그는/그녀는 무례한 사람이 아니야.

주어+am/are/is+형용사

🔗 단어연결법 1 주어+be동사+형용사(상태)

주어	+	be동사	+	형용사(상태)
____은·는·이·가		이다		____한 (상태)

- I am fine. = 나는 괜찮은 (상태)야.
- We are sick. = 우리는 아픈 (상태)야.
- He/She is happy. = 그는/그녀는 행복한 (상태)야.

🔗 단어연결법 2 주어+be동사+형용사(특징)

주어	+	be동사	+	형용사(특징)
____은·는·이·가		이다		____한 (특징)

- I am tall. = 나는 키가 큰 (외모)야.
- You are outgoing. = 너는 외향적인 (성격)이야.
- He/She is reserved. = 그는/그녀는 내성적인 (성격)이야.

🔗 단어연결법 3 주어+be동사+not+형용사

주어	+	be동사+not	+	형용사
____은·는·이·가		이·가 아니다		____한 (상태·특징)

- I am not reserved. = 나는 내성적이지 않아.
- They are not busy. = 그들은 바쁘지 않아.
- He/She is not rude. = 그는/그녀는 무례하지 않아.

11강 주어+am/are/is+전치사+장소

🔗 단어연결법 1   주어+be동사+전치사+장소

- I am in Korea. = 나는 한국에 있어.
- We are at work. = 우리는 직장에 있어.
- He/She is on the subway. = 그는/그녀는 지하철에 있어.

🔗 단어연결법 2   주어+be동사+장소

- I am here. = 나는 여기에 있어.
- We are here. = 우리는 여기에 있어.
- He/She is there. = 그는/그녀는 거기에 있어.

🔗 단어연결법 3   주어+be동사+not+(전치사)+장소

- I am not in Korea. = 나는 한국에 있지 않아.
- They are not here. = 그들은 여기에 있지 않아.
- He/She is not there. = 그는/그녀는 거기에 있지 않아.

주어 + was / were + 명사·형용사·장소

🔗 단어연결법 1   주어 + was + 명사·형용사·장소

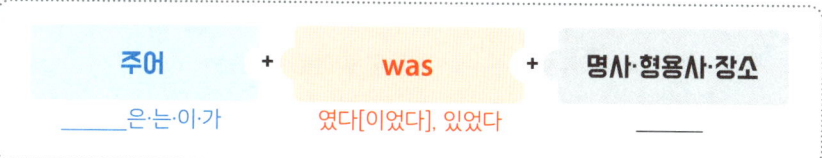

- I was in Korea. = 나는 한국에 있었어.
- He was upset. = 그는 속상한 (상태)였어.
- She was a singer. = 그녀는 가수였어.

🔗 단어연결법 2   주어 + were + 명사·형용사·장소

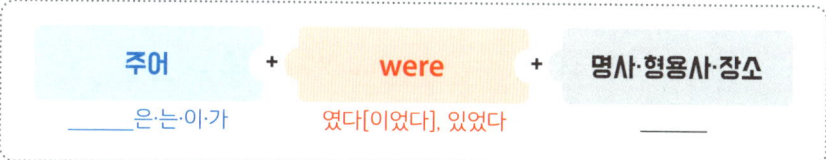

- You were my first love. = 너는 내 첫사랑이었어.
- We were at the library. = 우리는 도서관에 있었어.
- They were upset. = 그들은 속상한 (상태)였어.

🔗 단어연결법 3   주어 + was/were + not + 명사·형용사·장소

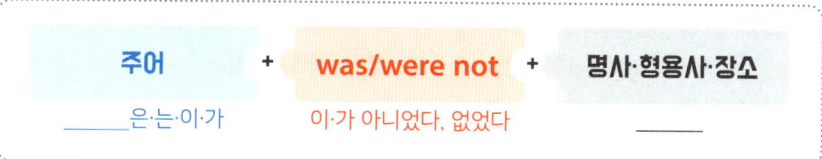

- I was not in Korea. = 나는 한국에 있지 않았어.
- They were not ready. = 그들은 준비된 (상태)가 아니었어.
- We were not happy. = 우리는 행복한 (상태)가 아니었어.

13강 주어 + will / must / should be + 명사·형용사·장소

🔗 단어연결법 1 주어+will be+명사·형용사·장소

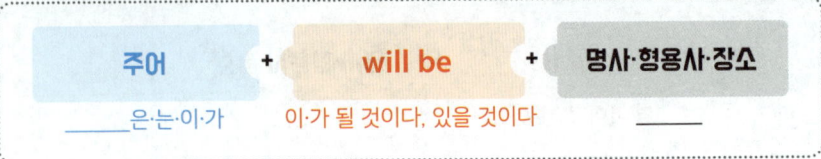

- I will be fine. = 나는 괜찮을 거야.
- You will be a good father. = 너는 좋은 아빠가 될 거야.
- He will be in Seoul. = 그는 서울에 있을 거야.

🔗 단어연결법 2 주어+must be+명사·형용사·장소

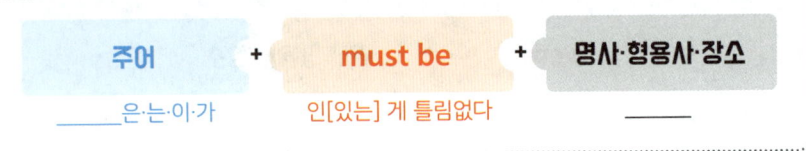

- He must be a genius. = 그는 천재인 게 틀림없어.
- She must be a good mother. = 그녀는 좋은 엄마인 게 틀림없어.
- They must be at the mall. = 그들은 쇼핑몰에 있는 게 틀림없어.

🔗 단어연결법 3 주어+should be+명사·형용사·장소

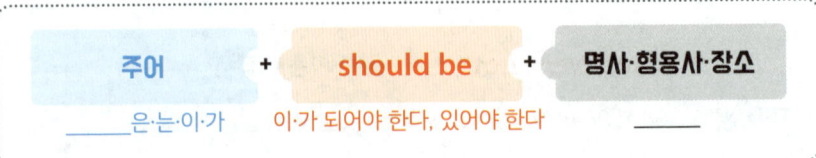

- I should be careful. = 나는 조심해야 해.
- We should be patient. = 우리는 참을성이 있어야 해.
- You should be at your desk. = 너는 너의 자리에 있어야 해.

14강 be동사 + 주어 + 명사·형용사·장소?

🔗 **단어연결법 1** Am/Are/Is + 주어 + 명사·형용사·장소?

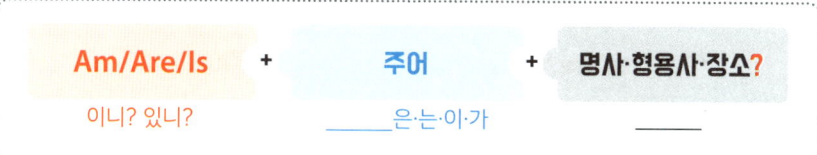

- Are you busy? = 너는 바쁜 (상태)니?
- Are they your parents? = 그들은 너의 부모님이니?
- Is he on the first floor? = 그는 1층에 있니?

🔗 **단어연결법 2** Was/Were + 주어 + 명사·형용사·장소?

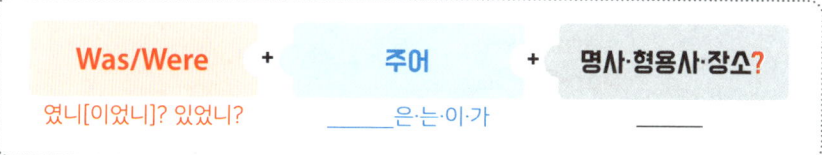

- Was she angry? = 그녀는 화난 (상태)였니?
- Were you at the concert? = 너는 콘서트장에 있었니?
- Were they at home? = 그들은 집에 있었니?

🔗 **단어연결법 3** Aren't/Isn't + 주어 + 명사·형용사·장소?

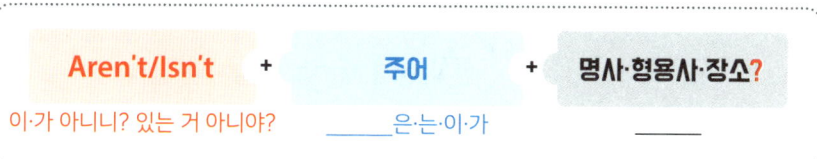

- Aren't you scared? = 너는 무서운 (상태)가 아니니?
- Aren't you busy? = 너는 바쁜 (상태)가 아니니?
- Isn't he in the kitchen? = 그는 주방에 있는 거 아니야?

주어+am/are/is+동사-ing

단어연결법 1   주어+am/are/is+동사-ing+목적어

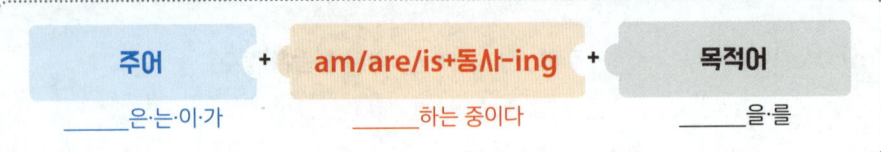

- I am drinking coffee. = 나는 커피를 마시는 중이야.
- We are cleaning the house. = 우리는 집을 청소하는 중이야.
- He is drawing a picture. = 그는 그림을 그리는 중이야.

단어연결법 2   주어+am/are/is not+동사-ing+목적어

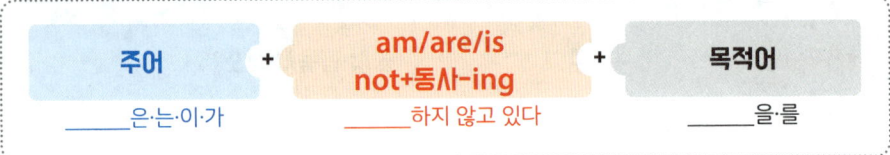

- I am not drinking coffee. = 나는 커피를 마시고 있지 않아.
- They are not asking questions. = 그들은 질문을 묻고 있지 않아.
- He is not drawing a picture. = 그는 그림을 그리고 있지 않아.

단어연결법 3   Am/Are/Is+주어+동사-ing+목적어?

- Are you drinking coffee? = 너는 커피를 마시는 중이니?
- Is she feeding the dog? = 그녀는 개를 밥 먹이는 중이니?
- Are they cleaning the house? = 그들은 집을 청소하는 중이니?

16강 주어+was/were+동사-ing

🔗 단어연결법 1 주어+was/were+동사-ing+목적어

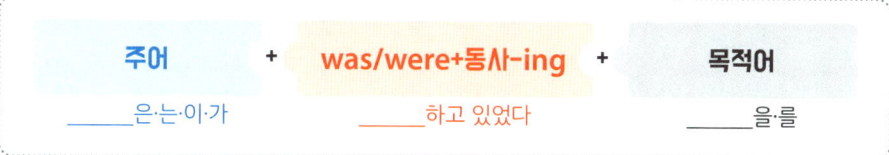

- I was drinking coffee. = 나는 커피를 마시고 있었어.
- We were planning our trip. = 우리는 우리의 여행을 계획하고 있었어.
- He was holding my hand. = 그는 내 손을 잡고 있었어.

🔗 단어연결법 2 주어+was/were not+동사-ing+목적어

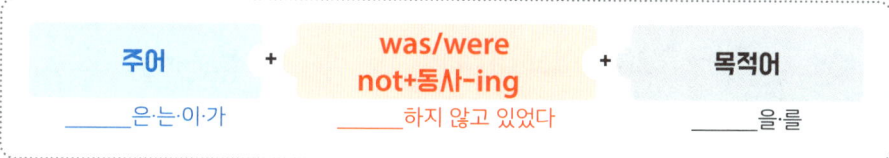

- I was not drinking coffee. = 나는 커피를 마시지 않고 있었어.
- They were not telling the truth. = 그들은 사실을 말하지 않고 있었어.
- He was not holding my hand. = 그는 내 손을 잡지 않고 있었어.

🔗 단어연결법 3 Was/Were+주어+동사-ing+목적어?

- Were you drinking coffee? = 너는 커피를 마시는 중이었니?
- Was she playing the piano? = 그녀는 피아노를 치는 중이었니?
- Were they playing the guitar? = 그들은 기타를 치는 중이었니?

17강 주어+like+동사-ing+목적어

🔗 단어연결법 1 주어+like+동사-ing

- I like drinking coffee. = 나는 커피 마시는 것을 좋아해.
- We like taking pictures. = 우리는 사진 찍는 것을 좋아해.
- He likes watching action movies. = 그는 액션 영화 보는 것을 좋아해.

🔗 단어연결법 2 주어+don't/doesn't like+동사-ing

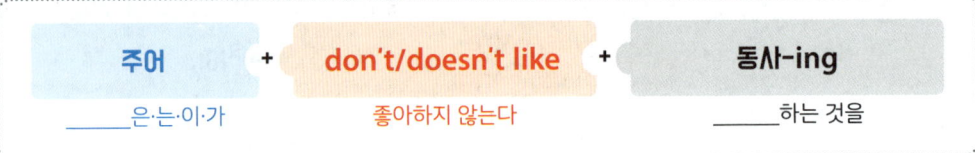

- I don't like drinking coffee. = 나는 커피 마시는 것을 좋아하지 않아.
- She doesn't like talking. = 그녀는 말하는 것을 좋아하지 않아.
- They don't like drawing. = 그들은 그림 그리는 것을 좋아하지 않아.

🔗 단어연결법 3 Do/Does+주어+like+동사-ing?

- Do you like drinking coffee? = 너는 커피 마시는 것을 좋아하니?
- Does he like going shopping? = 그는 쇼핑하러 가는 것을 좋아하니?
- Do they like taking pictures? = 그들은 사진 찍는 것을 좋아하니?

18강 주어+want+to-동사+목적어

🔗 단어연결법 1 주어+want+to-동사

- I want to drink coffee. = 나는 커피 마시기를 원해.
- We want to go home. = 우리는 집에 가기를 원해.
- He wants to become a musician. = 그는 음악가가 되기를 원해.

🔗 단어연결법 2 주어+don't/doesn't want+to-동사

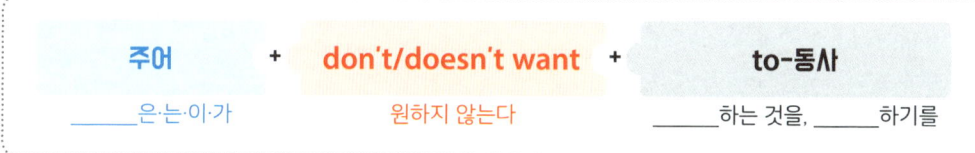

- I don't want to drink coffee. = 나는 커피 마시기를 원하지 않아.
- She doesn't want to see me. = 그녀는 나를 보기를 원하지 않아.
- We don't want to go home. = 우리는 집에 가기를 원하지 않아.

🔗 단어연결법 3 Do/Does+주어+want+to-동사?

- Do you want to drink coffee? = 너는 커피 마시기를 원하니?
- Does he want to see them? = 그는 그들을 보기를 원하니?
- Do they want to go home? = 그들은 집에 가기를 원하니?

19강 When / Where / How 의문사 의문문

🔗 **단어연결법 1**   When+Do/Does/Did 의문문?

- When do you drink coffee? = 너는 언제 커피를 마시니?
- When does he start work? = 그는 언제 일을 시작하니?
- When did they finish work? = 그들은 언제 일을 끝냈니?

🔗 **단어연결법 2**   Where+Do/Does/Did 의문문?

- Where do you drink coffee? = 너는 어디서 커피를 마시니?
- Where did you hear the news? = 너는 어디서 그 소식을 들었니?
- Where did they meet him? = 그들은 어디서 그를 만났니?

🔗 **단어연결법 3**   How+Do/Does/Did 의문문?

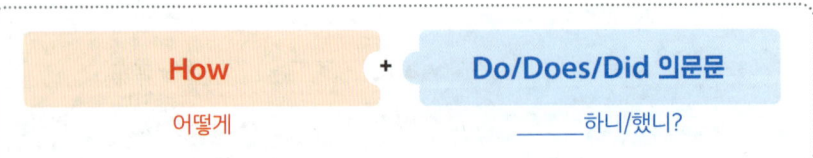

- How do you drink coffee? = 너는 어떻게 커피를 마시니?
- How did you get that idea? = 너는 어떻게 그 아이디어를 얻었니?
- How did he finish work? = 그는 어떻게 일을 끝냈니?

20강 What / Who / Why 의문사 의문문

단어연결법 1 — What+현재/과거 진행 시제 의문문?

- What are you drinking? = 너는 무엇을 마시고 있니?
- What is he looking at? = 그는 무엇을 보고 있니?
- What was she talking about? = 그녀는 무엇을 이야기하고 있었니?

단어연결법 2 — Who+현재/과거 진행 시제 의문문?

- Who are you drinking coffee with? = 너는 누구와 커피를 마시고 있니?
- Who were they waiting for? = 그들은 누구를 기다리고 있었니?
- Who was he talking to? = 그는 누구와 이야기하고 있었니?

단어연결법 3 — Why+현재/과거 진행 시제 의문문?

- Why are you drinking coffee? = 너는 왜 커피를 마시고 있니?
- Why was he ignoring you? = 그는 왜 너를 무시하고 있었니?
- Why were you looking at me? = 너는 왜 나를 보고 있었니?

MEMO